Es steht sogar im Lehrplan

Kindertexte, kopiert und geheftet —
Motivation und Beispiele
für einen anderen Aufsatzunterricht

Herausgegeben von Gerhard Sennlaub

Das Lesebuch für Grundschullehrer

Zur Erinnerung an
Heinrich Scharrelmann,
Volksschullehrer zu Bremen,
gestorben 1940

Es steht sogar im Lehrplan

Kindertexte, kopiert und geheftet –
Motivation und Beispiele
für einen anderen Aufsatzunterricht

Herausgegeben von GERHARD SENNLAUB

Das Lesebuch für Grundschullehrer
Herausgegeben von
REINHARD MEIS und GERHARD SENNLAUB

Agentur Dieck

Das Lesebuch für Grundschullehrer

Herausgegeben von Reinhard Meis und Gerhard Sennlaub

Band 9: Es steht sogar im Lehrplan

Kindertexte, kopiert und geheftet –
Motivation und Beispiele für einen anderen Aufsatzunterricht
Herausgegeben von Gerhard Sennlaub

Gesetzt aus der Garamond
Printed in Germany

ISBN 3-88852-008-8

Alleinvertrieb: Buchhandlung Elke Dieck · Postfach 1329 · D—5138 Heinsberg

Mitarbeiter

In diesem Buch werden Arbeiten aus Klassen von 33 Lehrerinnen und Lehrern vorgestellt:

HANNELORE BARES, Kenn/Mosel
INGRID BITTER, Sindelfingen
GISELA CAPPEL, Ennepetal
HEINZ WALTER DIRKES, Wuppertal
GISELA DICK, Sprockhövel-Haßlinghausen
MONIKA DRÄGER, Willich
HORST ECKHARDT, Dillenburg-Nanzenbach
GÜNTER EVERS, Steinhagen-Amshausen
HELGA GAGELMANN, Pfalzgrafenweiler/Schwarzwald
ANGELIKA HARTMANN, Iserlohn
ANNETTE HARTMANN, Augsburg
HEINZ-DIETER HARTMANN, Iserlohn
GRETEL HERZOG, Herdecke/Ruhr
INGEBORG HORSTMANN, Melle
PETER KAESELER, Hattingen
DR. ASTRID KAISER, Bielefeld
PETRA KEMP, Herdecke/Ruhr
GERHILD KIRSCHNER, Braunfels-Bonbaden
SIEGFRIED KRUSE, Lüdenscheid-Gevelndorf
HARTMUT KULICK, Negenborn
HELMUT LEHR, Dillenburg-Nanzenbach
BRUNO LÜCK, Hattingen
SUSANNE MALLICK, Mönkeberg/Kiel
INGRID NIEDERSTEBERG, Wetter
GÜNTER RITTER, Hüllhorst-Schnathorst
IRMA ROSENOW, Steinhagen-Amshausen
HEINRICH SCHARRELMANN †, Bremen
INGRID SCHWEITZER, Weinstadt-Großheppach
DAGMAR SOMMERFELD, Hagen
RENATE STILLER, Minden
ROLF WAGNER, Essen
HERTA WERNER, Eberbach
HANS H. WÜNNENBERG, Dirmstein/Pfalz

Inhalt

Alles Wissenswerte über das technisch-praktische ‚Drum und Dran' des Büchermachens, dazu viele Tips, Erfahrungsberichte und nützliche Anschriften finden Sie in Band 10 dieser Reihe: ‚Copyright bei Klasse...', herausgegeben von Hartmut Kulick.

Vorwort

Wir rühmen gern die Professionalität heutiger Lehrerinnen und Lehrer. Dennoch gilt es hierzulande als nicht professionell, von eigener Arbeit zu berichten, ohne zuvor dem Leser ein paar Strophen legitimierender Theorie vorgesungen zu haben. Die Autoren dieses Buches aber haben für Professionals geschrieben, und die erkennen auch in einem Arbeitsbericht die Wechselwirkung von Theorie und Praxis.

Das gilt schon für den einleitenden Beitrag von Heinrich Scharrelmann. Unser Kollege Scharrelmann schrieb wohl als erster Lehrer in Deutschland mit Schülern der Grundstufe ein Buch: im Jahre neunzehnhundertundsechs.

Seine Absichten sind auch unsere: Nicht gegen das „allgemeine Interesse" der Kinder arbeiten, ihre Schaffensfreude erhalten, sie erleben lassen, wie gut es tut, gemeinsam über einen längeren Zeitraum etwas Ganzes zu schaffen.

Die meisten Kolleginnen und Kollegen unserer Zeit kennen Heinrich Scharrelmann nur dem Namen nach. Wie ist das möglich, daß die Gedanken unserer längst toten Kollegen nach zwei Generationen plötzlich neu gedacht werden? Ich meine, wir erlebten heute wie sie damals, daß wir unsere Ideale nicht verwirklichen können, wenn wir ‚nach Art der Schule' arbeiten. Viele Kolleginnen und Kollegen leiden regelrecht unter der Lehrer-Schule mit ihrem zerfächerten „Die SS sollen. . .". Sie sind es einfach leid, Kinder immer wieder für allerlei willkürlich ausgesuchte Stoffe und Tätigkeiten ‚motivieren' zu müssen. Einer der Wege, unserem Selbstverständnis gerecht zu werden und Kinder ernst zu nehmen, war und ist das ‚Bücherschreiben'.

Aber viele der Kolleginnen und Kollegen, die hier zu Wort kommen, wollen mehr. Ihre und ihrer Kinder Arbeiten reichen von der Eigenfibel und eigenen Texten als Ergänzung der

Fibel über selbstgemachte Sachbücher, Reime-, Lieder- und Spielesammlungen bis zum Extrakt von aufwendigen ‚Vorhaben' und deren kleinen Brüdern unserer Zeit: ‚Projekten'.
Wer die rund siebzig Beispiele in dieser Ideen-Fundgrube liest, wird wohl nicht nur zwangsläufig zu eigenen Taten verlockt. Die Leserinnen und Leser erfahren auch: Jeder muß tun, was *er* kann, jede, was *ihr* ‚liegt', was *ihre* Kinder anspricht. *Was* jede *wie* macht, ist *ihre* Sache. Es gibt viele verschiedene Möglichkeiten, sich auf diesem Weg zu bewegen.
Weder Didaktik noch Richtlinien und Lehrpläne verlangen, daß er überhaupt begangen wird. Aber nachdem immer mehr Lehrerinnen und Lehrer das ‚Büchermachen' wiederentdeckten, gestehen es uns unsere Vorschriften ausdrücklich zu. Das belegen die Zitat-Sammlungen zwischen den Kapiteln. Anders als für Heinrich Scharrelmann also gilt für uns: Jetzt steht's sogar im Lehrplan!
Daß eine solche Veränderung des Schulalltags nicht von ‚oben' kommt, sondern von Kolleginnen und Kollegen ausgeht, gereicht der Gundschule zur Ehre. Und den Kindern zur Freude, wie die sechsjährige Annette in einem Brief an ihre Großmutter bestätigt: „Bücherschreiben ist an schönzten!"
Auch für uns ist es schön, und wir sind schließlich darauf angewiesen, daß wir uns mit interessanter Arbeit unseren Beruf attraktiv halten. Das hat man uns bei aller Professionalität nicht gelehrt. Das müssen wir lernen.

Gerhard Sennlaub

Der Geburtstag

Ein Geschichtenbuch mit Bildern, gedichtet und gemalt von der *V.* Mädchenklasse der Schule an der Birkenstraße in Bremen

herausgegeben von H. Scharrelmann

Hamburg 1907
Alfred Janssen

Begleitwort von Heinrich Scharrelmann

Eines Morgens (es war an einem Montage im Juni dieses Jahres) trat ich in meine Klasse und fand die Kinder, wie alle Tage, in Gruppen stehend und sich lebhaft unterhaltend.

„Nun, seid ihr alle wieder da?“ fragte ich, um eine Unterredung einzuleiten, und als die meisten lebhaft entgegneten, trat eins der kleinen Mädchen an mich heran und sagte: „Ich bin gestern abend ganz spät zu Bett gegangen!“ — „So, warum denn?“ — „Ich bin bei meiner Freundin gewesen, die hatte Geburtstag. Da haben wir ganz schön gefeiert, und wir haben in der Laube gespielt und

Schokolade getrunken." Und dann traten ein paar andere hinzu, die auch mit auf dieser Geburtstagsfeier gewesen waren und erzählten noch eine ganze Fülle von Einzelheiten. Und als ich dann durch gelegentliche Zwischenbemerkungen dem Gespräch mehr eine allgemeine Wendung zu geben versuchte, damit sich auch andere Kinder, die nicht gerade *diesen* Geburtstag mitgefeiert hatten, beteiligen konnten, da hörte ich so viel hübsche und interessante Details über Geburtstagsfeiern und alles, was damit zusammenhängt, eine solche große Anzahl Kinder drängte sich an mich, um mir dies oder das zu erzählen, daß ich die Geister, die ich wachgerufen hatte, nicht anders zu bändigen wußte, als durch die Bemerkung: „Gut, ihr könnt mir gleich alles das aufschreiben, was ihr mir noch erzählen möchtet, dann werde ich es nacheinander lesen, so kann ich doch nicht alles anhören." Es gab ein lautes Gejubel, und die meisten liefen an ihre Plätze, um die Schreibsachen herauszunehmen.

Während nun die Kinder die Vorbereitungen trafen, flogen mir folgende Gedanken durch den Kopf: Ach, das weißt du doch eigentlich schon und hast es oft genug erprobt, daß die Klasse imstande ist, auch über ein solches Thema aufzuschreiben, und mit welcher Lust sich die Kinder an die Arbeit machen, das siehst du jetzt wieder einmal aufs neue. Aber was du noch nicht ausprobiert hast und was doch wert wäre, daß es geschähe, das ist, *ob die Klasse auch fähig ist, längere Zeit fortdauernd eine größere Arbeit in Angriff zu nehmen. . .*

So wandte ich mich denn wieder an die Klasse und warf ein paar Bemerkungen hin: Man könne so viel von Geburtstagen aufschreiben, daß man den ganzen Tag nicht damit fertig würde und daß wir deshalb heute nur vom Geburtstagsmorgen aufschreiben wollten, daß dann aber morgen „das zweite Kapitel" kommen solle usw.

So kamen wir nach einigen Hin= und Herreden überein, daß wir jeden Tag fortlaufend ein „Kapitel" aufschreiben wollten vom Geburtstage eines Kindes. Und das erste Kapitel sollte heißen: „Wie das Kind aufwachte." Nachdem nun noch der Name festgestellt war (es wurden die wunderlichsten Vorschläge gemacht!) und wir uns endlich auf „Elfriede" geeinigt hatten, schrieb ich an die Tafel

1. Kapitel.
Wie Elfriede aufwachte.

Und damit nun die Klasse schnell in das Thema hineinkomme, sagte ich den ersten Satz vor: „Die Sonne war kaum aufgegangen, da öffnete sich ganz leise die Kammertüre und“. . . nun schreibt weiter.

Die Kinder machten sich mit großem Enthusiasmus an ihre Arbeit, und schon nach ein paar Minuten erhob sich bald hier bald da eine (wie die Klasse es gewohnt war) vom Platze, um einen „schönen Satz“ vorzulesen. Fortwährend wurde vorgelesen, und die besten Sätze notierte ich mir stenographisch. Endlich, als ich glaubte, Material genug beisammen zu haben, sagte ich: Es ist genug, wir wollen aufhören! (Es mochte etwa eine halbe Stunde verflossen sein.) Nun wollen wir zu dem ersten Kapitel auch ein Bild malen.

Mit noch größerem Jubel und neuen Kräften machten sich alle an die Arbeit, und es entstanden fünfzig verschiedene Bilder auf den Tafeln (viele auch auf Papier), von denen die meisten den Augenblick darstellten, wo die Mutter in die Kammer getreten war. Aber auch andere Situationen aus dem ersten Kapitel wurden ausgewählt.

Nachdem die Kinder gezeichnet hatten, ging ich zwischen den Reihen herum und fand hier eine hübsche Portiere und dort einen gut gelungenen Waschtisch, hier ein originelles Himmelbett und da wieder eine recht behäbig und würdig aussehende Frau Mutter. Wieder machte ich mir Notizen, und zwar notierte ich mir diesmal außer den Namen der Kinder die Teile, die ihnen besonders gut gelungen waren.

Nun nahm ich ein reines Quartblatt und ließ von denjenigen Kindern, deren Namen ich notiert hatte, diejenigen Teile noch einmal aufzeichnen, die mir besonders gefallen hatten, so daß nun ein Bild entstand, das gewissermaßen das Beste in sich vereinigte, was die Klasse überhaupt produziert hatte. So ist ein Bilderbuch in nicht ganz vierzehn Tagen in ideal gemeinschaftlicher Arbeit geschrieben und gemalt worden, von fünfzig neun= bis zehnjährigen Mädchen.

Zum ersten Male wird damit meines Wissens ein Buch veröffentlicht, das von A bis Z von Kindern geschaffen ist. Durchschnittlich wurde in einer Stunde ein Kapitel fertig. . .

Ähnlich sind auch die Zeichnungen entstanden. Auch hier ist meine Arbeit von ganz nebensächlicher Bedeutung. Das Vorgefundene wurde von mir nur ausgewählt. . .

Jedenfalls, und darauf kommt es mir an, ist dieses Büchlein ein getreues Bild gemeinsamer Arbeit von Lehrer und Kindern.

Daß sich alle Kinder lebhaft beteiligten, brauche ich wohl kaum noch zu bemerken. Ich sehe sie noch vor mir, die Anzeichen der hellen Freude und Begeisterung, wenn wieder ein neues Kapitel die Kräfte reizte. . .

In der modernen Schulreform=Bewegung ringt sich eine neue Erkenntnis durch zum Licht. Sie scheint sogar der Eckstein der kommenden Entwicklung werden zu wollen: die Erkenntnis von dem ungeheuren Wert der Schaffenskräfte im Menschen. Dieses Büchlein will nichts anderes als dokumentieren, welche Blüten der Unterricht zeitigen kann, wenn die Schaffenskraft der Kinder in Tätigkeit tritt und gepflegt wird.

Die alte Schule, die im Grunde, trotz aller Schönredereien, nichts anderes ist, als Lernschule, muß abgelöst werden durch eine neue, kommende Schule, die die höhere und wertvolle Aufgabe des Könnens pflegt und das Wissen nur insoweit kultiviert, als es zum Können unbedingt notwendig ist, die dafür aber auch ganz andere Kräfte im Menschen mobil macht, Kräfte, die ihn befähigen, als Erwachsener jeder Aufgabe, jeder Schwierigkeit des Lebens mutig entgegenzutreten, überall mit voller Kraft ans Werk zu gehen, nicht aus heiligem Pflichtgefühl allein zu handeln, sondern überall aus Interesse an dem tausendgestaltigen Leben, das uns alle umgibt. . .

Das vorliegende Buch soll allein zunächst nach dieser Seite hin bewertet werden: nämlich als Dokument, welche Schaffenskräfte schon im Kinde verborgen liegen. Es ist also keine Spielerei irgend welcher Art, die die moderne Schule treiben will. Die von meiner Klasse geleistete Arbeit war die ernsteste Arbeit, die überhaupt denkbar ist. Die offizielle Schule stellt so hohe Anforderungen an die Kräfte des Kindes nicht, wie ich es getan habe. Sie ist zufrieden, wenn das Kind dem bequemen, stufenmäßig sich aufbauenden Gedankengang des Lehrers folgt, sie verlangt nur das Nachmalen, das Nachschreiben, das Nachgehen eines vorausgegangenen Weges. Wir modernen Schulleute verlangen vom Kinde das Finden eigener Wege in allen Disziplinen.

Was hat dagegen die alte Schule an Früchten gezeitigt? Zu welchen Resultaten kommt sie? Nun, sie ist z. B. zu jenen gequälten, ledernen Schulaufsätzen gekommen über die Alpen, über den Maikäfer, über Gott weiß was für langweilige Dinge, über die kein Mensch etwas aufschreiben würde, und wenn er es möchte, würde er es sicher nicht in so lederner schulmeisterlicher Art und Weise tun. Man muß den Schulekel erlebt haben, der ganze Klassen wie eine bleierne Last drückt, unter der Fuchtel dieses herkömmlichen Unterrichts!. . .

Diese „Geschichte“ und diese „Bilder“ haben kleine, zehnjährige Mädchen gefertigt, die nur hin und wieder und ganz verstohlen derartige freie Arbeiten liefern können. Wie anders würde dieses Buch geworden sein, wenn die Kinder vom ersten Schultage an zu solcher frischfröhlicher Produktion erzogen worden wären.

Welche Früchte lassen sich erwarten, wenn eine Klasse acht Jahre lang frei ihre Kräfte entwickeln dürfte? Welche allgemeine Arbeitsfreudigkeit muß lebendig werden, welche geschickten Kinder, welche prachtvollen, einsichtigen und tatkräftigen Menschen werden aus einem solchen Unterricht hervorgehen.

So erzogene Menschen werden dann dereinst auch schaffend ins Leben eingreifen und fruchtbar sich überall betätigen, und gerade die hat unsere Zeit ja so bitter nötig. . .

Und nun noch ein Wort an alle diejenigen Kolleginnen und Kollegen, die „so etwas gar nicht wagen“.

Wenn ich mich in meinem Unterricht eng an die allgemein verbindlichen Vorschriften meiner Behörde gehalten hätte und niemals eigene Wege im Unterricht zu gehen mir erlaubt hätte, so wäre ich niemals zu derartigen Resultaten gekommen. Je strenger man sich an seinen vorgeschriebenen Lehrplan hält und an alle jene schweren Ketten, die dem freien Schaffen des Lehrers umgelegt werden, je mehr man bestrebt ist, ein guter Beamter zu sein, desto weniger taugt man als Schulmeister.

So unangenehm es auch ist, aber es muß immer wieder gesagt werden: Die Kräfte wachsen nur in der Freiheit, und wer nicht den Mut hat, sich über die Torheiten und Engherzigkeiten seiner Vorgesetzten einfach hinwegzusetzen, der wird niemals imstande sein, den Kindern das zu geben, wonach sie so sehr verlangen: Arbeitsgebiete und Arbeitsgelegenheiten, mit denen sich ihr Interesse vermählen kann.

Das mögen sich alle Schulbehörden in deutschen Landen merken, vor allem aber alle Schulinspektoren und Schulvorsteher, wenn sie einmal einen Lehrer bei ernster, angestrengter, aber „unerlaubter", d. h. nicht vorgeschriebener Thätigkeit antreffen. . .

Möge unser „Geburtstag" mithelfen, daß dereinst für alle Schulkinder Deutschlands der große Geburtstag anbricht, wo die erzwungenen Arbeiten, die die Schule heute von ihnen verlangt und der ganze ungeheure Druck, unter dem wir Schulleute leiden, schwindet, und eine neue Schule geboren wird, deren Aufgabe es ist, den Unterricht dem Leben ähnlicher zu gestalten, die große Kluft zwischen Spiel und Arbeit zu überbrücken, daß bald ein neues, gesundes und glücklicheres Volk entsteht als das jetzige.

Dann wird dieses Büchlein als erstes, ungefälschtes Dokument kindlicher Schaffenskraft Zeugnis ablegen für die große geistige Bewegung unserer Zeit, die die Beseligung des Kindes auf ihre Fahne geschrieben hat. . .

Bremen, im Sommer 1906.

Der Herausgeber.

1. Kapitel.

Wie Elfriede aufwachte.

Die Sonne war eben aufgegangen, da machte die Mutter ganz leise die Kammertüre auf und guckte zu, ob ihre Elfriede schon wache. Da sah sie, daß das Kind noch süß schlief.

Als die Mutter so stand und Elfriede ansah, da schlug sie auf einmal die Augen auf. „O, liebe Mutter!“ rief sie, „willst du mich wecken?“ — „Ja, mein Kind!“ sagte die Mutter. Da sprang Elfriede schnell aus dem Bette.

Die Mutter küßte ihren Liebling auf die roten Lippen, dann zog sie Elfriede an und sagte: „Weißt du denn gar nicht, was heute für ein Tag ist?“ Da besann sich Elfriede und sagte: „Richtig, heut ist ja mein Geburtstag!“ — „Ich gratuliere dir auch zu deinem Geburtstage und hoffe, daß du ein recht liebes und gutes Kind wirst!“ sagte die Mutter, und dann fragte sie: Weißt du denn auch, wie alt du heute geworden bist?“ — „Ja,“ sagte Elfriede, „ich bin heute zehn Jahre alt!“

Nun half die Mutter ihr beim Anziehen und wusch und kämmte sie, und endlich war sie fertig.

2. Kapitel.

Der Geburtstagstisch.

„Nun komm mal eben mit, liebes Geburtstagskind," sagte die Mutter, „ich will dir jetzt etwas zeigen, worüber du dich wohl sehr freuen wirst!" Da faßte Elfriede ihre Mutter an und ging mit ihr. Sie gingen in die beste Stube.

Als sie hineinkam, o, was mußte sie da erblicken! Da stand eine große Puppe, die hatte ein weißes Kleid an, mit rosa und blauen Bändern und einen weißen Hut hatte sie auf dem Kopfe. „O, wie schön ist die Puppe!" sagte Elfriede und nahm sie in den Arm.

Bei der Puppe stand ein blauer, neuer Puppenwagen. Elfriede beguckte ihn und freute sich noch mehr. Dann sah sie auf den Tisch. In der Mitte stand ein Topfkuchen, darum war ein grüner Kranz und darum waren neun Lichter, die brannten ganz hell. Daneben lag ein weißes Blatt, darauf war geschrieben: „Guten Morgen, liebes Geburtstagskind! — Sei recht vergnügt am heutigen Tage!" Das hatte der gute Vater geschrieben, der war schon am Morgen früh zum Geschäft gegangen, als Elfriede noch gar nicht aufgewacht war. Bei dem Zettel lagen zwei neue, rote Schuhe, die kriegte sie von ihrem Vater zum Geburtstag. Elfriede sagte: „Ich danke dir auch vielmals, liebe Mutter, für all die schönen Geschenke!" „Die Puppe hat Tante Meta gestern abend gebracht!" sagte die Mutter. „Aber sieh mal, hier ist noch eine kleine Badepuppe, wie du sie dir schon lange gewünscht hast." Da besah Elfriede die kleine Puppe und sagte: „Armes Püppchen, du bist ganz nackend, du erkältest dich noch. Wart, ich will dich warm zudecken!" Da legte sie die Puppe in den Wagen.

Dann fiel sie ihrer Mutter um den Hals und gab ihr einen dicken Kuß.

Erstes Kapitel
Klasse 1

Hefte zur Eigenfibel

Viele halten angesichts der Fülle und Perfektion kommerzieller Lehrgangsmaterialien eine Eigenfibel für überflüssig. Mir scheint sie gerade deswegen sinnvoll, verschwinden doch hinter der zunehmenden „Technokratisierung der Leselernmaterialien“ (Menzel) die Kinder und ihr Alltag immer mehr. Darüber hinaus war und ist für mich Selbermachen immer reizvoller als Nachvollziehen und bei der wachsenden Verbreitung und Verbesserung preiswerter Druck- und Kopierverfahren gegenwärtig auch praktikabler denn je.
Schließlich nutze ich die Eigenfibel zur pädagogischen Propaganda für veränderte Lerninhalte und Lernwege. Über die Eigenfibel hat sich in den Elternhäusern die Publizität eines stärker erfahrungsbezogenen Unterrichts erheblich vergrößert. Aus anfänglicher Skepsis oder bloßer Neugier entwickelt sich bei vielen Eltern ein ständiges Interesse, das sich in praktischer Mitarbeit und materieller Unterstützung niederschlägt.
Unsere Eigenfibel ist eine Sammlung von Lese- und Bilderbögen, die mit dem Kopierer vervielfältigt und dann in einer

Mappe abgeheftet oder zu kleinen Büchern gebunden werden. Immer halten die eigenen Texte und Bilder eigene Erfahrungen fest. Die Ergebnisse sind oft beeindruckend. Wichtiger als das Produkt ist aber der Vorgang des Machens selbst. Hier liegt die eigentliche pädagogische und didaktische Qualität der Eigenfibel. Während die Kinder an ihren Bildern arbeiten, lasse ich mir erzählen, stelle Fragen, notiere Bildkommentare, lese sie wieder vor, tausche auf Wunsch Wörter aus, schlage andere vor, verweise auf Ähnlichkeiten und Unterschiede, verwickle die Kinder miteinander über ihre Bilder und Wörter in Gespräche. Das ist eine mühsame aber eindrucksvolle Arbeit, in der Sprechen, Malen, Schreiben und Lesen als Möglichkeiten erfahrbar werden, Wahrnehmungen, Stimmungen und Befindlichkeiten sichtbar zu machen.
Selbstverständlich führt das nicht zwangsläufig zu brauchbaren Fibelbeiträgen. Beim „Gartentagebuch“ war es oft mühsam, alle Kinder zu einer kontinuierlichen Mitarbeit zu bewegen, ohne dabei eine Beteiligung zu erzwingen oder Lösungen zu suggerieren. Der Rückgriff auf Fotos und Tonbandprotokolle war hier hilfreich. Vergangene Ereignisse ließen sich nicht nur ak-

tualisieren, sondern für eine zeichnerische und schriftliche Aussage prägnanter ins Blickfeld rücken.
An dieser Stelle noch eine technische Anmerkung zum Zeichnen und Schreiben. Da ich für die Herstellung der Hefte ein Kopiergerät benutze, lasse ich nur mit schwarzem Filzstift zeichnen. Für diese Einschränkung entschädigt später, daß die Kinder im fertigen Buch Figuren farbig ausmalen und dazumalen dürfen. Natürlich können auch die Texte verändert und ergänzt werden. Eigene Schreibversuche sind aber vor Ablauf des ersten Halbjahres selten. Danach führen die Kinder ihre Textbeiträge immer häufiger selbständig aus. Im Heft „Jeden Tag Schule“ (Seite 23) begannen mehrere, meine Drucktexte in Schreibschrift umzusetzen und neue aufzuschreiben. Auf diese Weise entstand gegen Ende des ersten Schuljahres eine zweite Fassung mit vielen selbstgeschriebenen Kommentaren. Zu einem frühen Zeitpunkt notiere ich die Texte selbst, schreibe sie in großformatiger Schreibmaschinenschrift oder drucke sie mit Buchstabenstempeln. Einige Kinder versuchen auch mit Hilfe der Textvorlage selbst zu stempeln.
Sind alle Kinder mit Beiträgen vertreten, bereite ich einen er-

sten Buchentwurf vor. Er beginnt damit, daß ich alle Bilder und Texte fotomechanisch verkleinere bzw. vergrößere, um sie zu einzelnen Bilder- und Lesebögen zusammenzusetzen. Dafür werden Bild- und Textteile ausgeschnitten und verschiedene Anordnungen durchprobiert. Das spielerische Element dieses Vorgangs ermöglicht auch eine Beteiligung der Kinder.
Mit der Montagetechnik spart man Papier und damit Kosten. Dasselbe gilt für die Formatwahl. Kostengünstig ist ein DIN A 5 - Format, weil sich insgesamt vier Buchseiten auf ein DIN A 4 - Blatt drucken lassen. Man faltet es und heftet dann alle Blätter in der Falz.
Vervielfältigen und Heften als abschließende Arbeitsgänge erledige ich meistens allein, hin und wieder helfen auch die Eltern. Dabei bietet sich u. a. Gelegenheit, sie mit Absichten und Praktiken eines erfahrungsbezogenen Lese- und Schreibkonzepts bekannt zu machen. Meistens kommt auch bei der gemeinsamen Arbeit die Kostenbeteiligung zur Sprache. Die Kostenbelastung ist vor allem in der Probierphase nicht unerheblich, wenn man das Medium ‚Eigenfibel' erkundet. Bei mehr Routine und ökonomischerem Materialumgang belaufen sich die

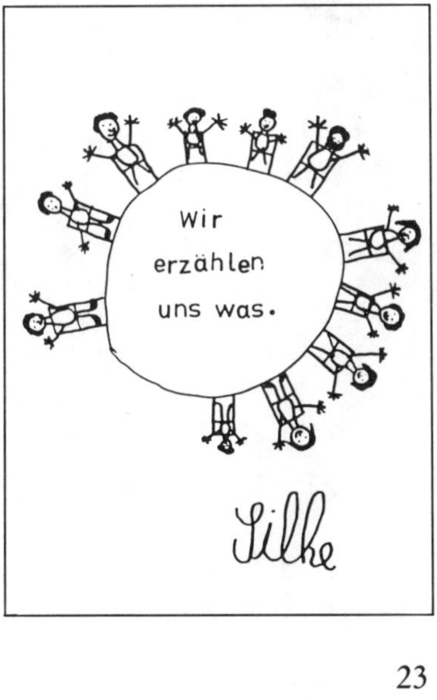

Unkosten auf ca. 15 DM pro Kind. Das ist auch die Erfahrung meiner Kollegen. Eine Finanzierung über Etatmittel und Elternspenden ist ebenso denkbar, wie über gezielte Initiativen. Einen Teil der Unkosten decke ich dadurch, daß ich die Heftchen in selbstorganisierten Kinderbuchausstellungen verkaufe. Außerdem fertige ich von besonders attraktiven Kinderzeichnungen Postkarten an. *Günter Ritter*

Jessica war lange krank. Sie lag im Krankenhaus und hatte Heimweh. Sie war sehr traurig. Die Kinder haben ihr schöne Bilder gemalt und Grüße geschrieben. Da hat Jessica vor Freude geweint.

Geschichten aus der 1b

Obwohl ich in meinem jetzigen ersten Schuljahr eine von mir miterarbeitete Fibel einsetze, von deren Brauchbarkeit ich überzeugt war (und bin), sah ich schon früh die Notwendigkeit, den Kindern neben den Einheitstexten solche anzubieten, die von ihnen selbst und ihren eigenen Erlebnissen berichten. Deshalb schrieb ich den Kindern zu Weihnachten ein Buch, das kleine Ereignisse aus der Klassengemeinschaft thematisierte. Jedes Kind war namentlich aufgeführt und so geschildert, wie es sich mir in den vergangenen Monaten in Wort oder Tat dargestellt hatte.
Diese Texte, auf einer Weihnachtsfeier verschenkt, fanden bei Eltern und Schülern großen Anklang, förderten das Verständnis füreinander und steigerten die Lesemotivation.
Als die Kinder nach den Weihnachtsferien wieder in die Schule kamen, hatten nur noch vier von 30 Mühe mit dem Lesen.

Gisela Dick

Torsten wollte einmal
im Unterricht etwas erzählen.
Aber es ging nicht. Ein Zahn
wackelte. Da hat er sich einfach
den Zahn gezogen. Jetzt konnte
er erzählen.

Liebe Kinder!
Dies Buch habe ich gerne
geschrieben. Es macht Spaß,
Geschichten zu schreiben,
die Ihr immer wieder
lesen könnt.
Versucht es doch selbst einmal.
Das nächste Buch
schreibt Ihr selbst,
einverstanden ?

Viele Grüße
von Frau Dick

Emmas Reise ins wilde Afrika

Auf der letzten Seite meines Weihnachtsbuches ‚Geschichten aus der 1b' (vgl. Seite 25 ff.) hatte ich die Kinder aufgefordert, das nächste Buch selbst zu schreiben. Das wollten wir nun bald in die Tat umsetzen. Es fehlte uns nur noch ein übergeordnetes Thema, an dem sich alle beteiligten, sollte es nicht einfach eine Geschichtensammlung einzelner Schüler sein.

In unserem Lesebuch sind die fantastischen Abenteuer einer Ente auf ihrer Reise durchs „wilde Afrika" illustriert. Dazu fielen den Kindern lustige und spannende Geschichten ein, die sie einander im Stuhlkreis erzählten.

Im Anschluß lasen wir den zugeordneten Einheitstext im Arbeitsheft. Voll Stolz stellten manche fest, daß ihre eigenen Geschichten unterhaltsamer waren. Also forderte ich die Klasse auf, die eigenen Ideen zu Papier zu bringen.

Die kleine Gruppe der schwachen Leser fragte sofort: „Dürfen wir unsere Geschichten auch malen und spielen?" Sie durften. Alle anderen freuten sich darauf, zusammen ein Buch zu schreiben. Der Schreibprozeß erwies sich für manches Kind als schwierig. Während es noch vorher viele bunte Ideen hervorgesprudelt hatte, versagte die Vorstellung angesichts des leeren Blattes und der Anstrengung, so viele Wörter nach der Vorstellung aufzuschreiben. Ich versicherte allen, daß auch ein einzel-

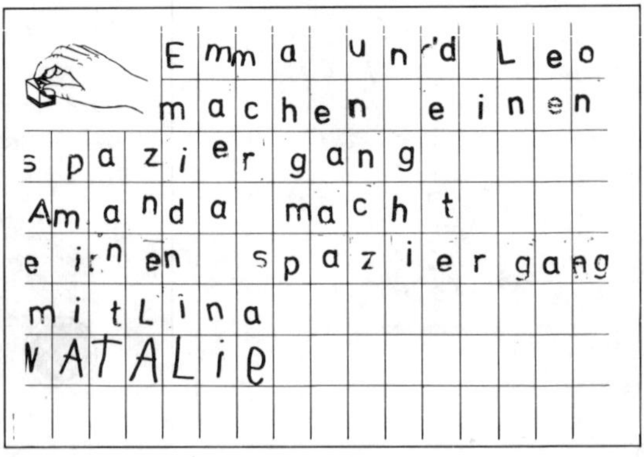

ner Satz eine Geschichte erzählt, daß ja alle Sätze zusammen in das Buch genommen würden und so eine ganz lange Geschichte entstünde. Das ermutigte auch die Unsicheren, sich ans Schreiben zu geben und durchzuhalten.

Bei der Durchsicht der Erstfassung eröffnete sich eine vertiefende Einsicht in das Schriftverständnis des einzelnen Kindes. In der Regel schrieben die Kinder lautgetreu (Walt, schpät, get), häufig wurden Vokale im Wort nicht gehört (wtschelte, hte), einzelne Rechtschreibkonventionen wurden übergeneralisiert (Uhrwald).

Das ist nicht erschreckend, wenn man bedenkt, daß die Schüler sich zu dieser Zeit des Schrifterwerbs noch in der „Strukturphase" (Kochan) befanden. Die phonetische Schreibweise läßt bereits regelhafte Beziehungen und Verallgemeinerungen erkennen (schpät wie Schule, get wie lesen). Über das Lesen, durch Rückfragen bei Erwachsenen, Übungen und Korrekturen paßt sich der Schreiber allmählich an die gängige Orthographie an. (Mehr dazu: Hans Brügelmann: Kinder auf dem Weg zur Schrift; Faude, Konstanz 1983.)

Die Texte habe ich dann in die rechte Orthographie übersetzt und die Kinder gebeten, sie mit dem Stempelkasten für das Buch zu drucken.

Das erwies sich als technisch schwierig. Der geringe Druck, den die Kinderhand auf den Stempel ausübt, läßt die Buchstaben oft nur schwach erscheinen. Druckt man ein zweites Mal darüber, verschwimmt der Buchstabe.

Nur wenige hielten diese mühsame Arbeit durch. Einige griffen kurzerhand zum Filzstift und schrieben den

Text in Druckschrift weiter. Prima so, der Mensch muß sich zu helfen wissen!
Viele Zweitfassungen mußte ich für das Buch neu schreiben, aber mir war die Textproduktion wichtiger als die Reproduktion.
Während einer Woche lasen täglich etwa zehn Minuten lang die Autoren ihre Geschichte der Klasse vor, und zwar merklich flüssiger und anschaulicher, als sie es bei Fibeltexten schafften. Manche mogelten und erfanden während des Vortrags schnell ein paar schmückende Wörter hinzu.
Die Gruppe, die sich nicht am Schreiben beteiligt hatte, erhielt selbstverständlich auch ein Exemplar, und alle versicherten: „Das nächste Mal schreiben wir auch mit. So schwer ist das ja gar nicht."
Inzwischen habe ich eine kleine Sammlung neuer Kindertexte. Im Regal in der Klasse steht exponiert ein Kasten für „eigene Geschichten", auf die regelmäßig im Wochenplan hingewiesen wird. Die eingetroffenen Texte schreibe ich auf Lesekarten und gebe sie als Sonderangebot für Freie Arbeit in den Kasten. Ob daraus ein zweites Buch wird, muß sich zeigen.
Ich bin guten Mutes. *Gisela Dick*

„Die Spannung zwischen Schrift als gesellschaftlicher Vereinbarung, die man beherrschen lernen muß, wie sie ist, und Schrift als Medium der Mitteilung, auf die man sich als individuelle Person bezieht, macht im Leselernprozeß eine Verknüpfung stärker lehrgangsorientierter und stärker erfahrungs- oder situationsorientierter Unterrichtselemente erforderlich.
Damit ist ein hoher Anspruch an den Lehrer gestellt, für den auf dem Markt angebotene Materialien, Fibeln und Lehrgänge nur Bausteine eines Unterrichts sein können, der immer wieder auf die Vorerfahrungen, die Schwierigkeiten und aktuellen Interessen seiner Kinder abgestimmt werden muß."
Hans Brügelmann/Dietlind Fischer in: Lesefertigkeit oder Spracherfahrung?. . . aus: Arbeitskreis Grundschule: Lesenlernen — das Lesen lehren; Frankfurt 1977

Unsere Tiergeschichten

Zeitpunkt: etwa ab zehnte Woche
Die großen Tierbücher waren in der Freien Arbeit sehr beliebt. Mit großer Ausdauer saßen die Kinder über den Büchern und ließen sich auch vorlesen, was da über einzelne Tiere alles stand. Voller Begeisterung gingen dann viele an die Arbeit und versuchten, ihr Lieblingstier zu malen — aber das war dann doch oft zu schwer.

Ich fand es sehr schade, daß einige Kinder die Lust am ‚Lesen' in Büchern verloren und zerbrach mir den Kopf, wie ich ihre alte Begeisterung neu wecken und obendrein ihren Arbeitseifer für Lese- und Schreibzwecke nutzen könnte. Ein Kind aus dem dritten Schuljahr brachte mich endlich auf die rettende Idee: Angela wollte einen Forschungsbericht über den Elefanten machen. Dafür pauste sie ein Bild ab und schrieb dann etwas von dem abgemalten Tier dazu.

Diese Arbeitsweise mußte sich doch auf Erstkläßler übertragen lassen! Nach einigem Hin und Her haben wir nun das Richtige gefunden: Ich kaufte einen Block ‚Hochtransparentes Zeichenpapier' (50/55 g/m^2, 50 Blatt DIN A 4 ca. 7,00 DM). Butterbrotpapier ist natürlich viel billiger; man kann es aber nicht so genau durchpausen, weil es dicker ist und eine rauhe Oberfläche hat. Diese Blätter zerschnitt ich in unterschiedliche Formate: Durch einmaliges Teilen erhielt ich zweimal 50 Blatt in der Größe DIN A 5. Einen dieser Packen teilte ich nochmals in zweimal 50 Blatt DIN A 6. So erhielt ich aus meinem Block 50 Blatt

in A 5 und 100 Blatt in A 6. Das ist schon ein beachtlicher Vorrat! Natürlich wollte ich nicht alle Blätter einzeln ausgeben — die Kinder sollten selbständig das Material benutzen können. Deshalb packte ich meinen Vorrat in eine freie Schublade unseres Schubladenturms (Ikea, 4 Schubladen, ca. 16,00 DM). In die Schublade darunter legte ich einen Stapel leere Blätter (DIN A 4). Außerdem beklebte ich einen Schnellhefter aus Pappe mit Tierbildern und schrieb darauf mit leuchtenden Lackmalstiften: „Unsere Tiergeschichten".

Den Kindern war der Zweck der Vorbereitungen sofort klar, und im Sitzkreis besprachen wir gemeinsam, wie die Blätter für unsere Tiergeschichtenmappe aussehen sollten:

Obendrauf sollte der Name des Kindes stehen, das dieses Blatt angefertigt hatte. Darunter wollten wir das abgepauste und ausgemalte Tierbild kleben. Als Über- oder Unterschrift wollten wir den Namen des Tieres in Druckschrift schreiben. Wer Lust hatte, konnte noch einen Satz aus dem Text abschreiben oder einen ausgedachten Satz über das Tier unter das Bild schreiben.

Aber wie macht man das, wenn man noch nicht lesen und schreiben kann? — Helge hatte eine gute Idee: „In der freien Arbeit machen wir das. Du sagst uns jeden Buchstaben, und dann können wir das Wort lesen".

Bei dem Gedanken an solch (zeit-)intensiven Einzelunterricht wurde mir mulmig, aber wir wollten es einfach ausprobieren. Zwei Regeln legte ich noch von vornherein fest:

— Das Pauspapier wird (in Anbetracht des Preises) passend zur Größe des Bildes gewählt — auf keinen Fall größer.
— Angefangene Arbeiten müssen beendet werden.

Die von mir befürchteten Rangeleien beim Lese-Einzelunterricht blieben aus. Es gab kein Schlangestehen an meinem Platz, weil die Kinder untereinander die Reihenfolge absprachen. Wer noch warten mußte, arbeitete an einer anderen Aufgabe weiter. Fertige Tiergeschichten wurden im Sitzkreis gezeigt, vorgelesen — und gebührend bewundert.

Eine sehr wichtige Beobachtung bestätigte mich darin, diese aufwendige Arbeitsweise beizubehalten und zu fördern: Die leistungsstärkeren Kinder lernen auf diese Weise sehr viele Buchstaben in kürzester Zeit — und behalten sie erstaunlicherweise großenteils auch. Noch nach Wochen hörte man hin und wieder: „Das ist ein h wie in Nashorn“. *Petra Kemp*

Unsere Geschichtenmappe

Nach den ersten paar Schulwochen fing es an: Jeden Tag bekam ich von einigen meiner eifrigen Erstkläßler Hausaufgaben. Das waren liebevoll gestaltete Lese-, Schreib- und Malblätter mit ‚unseren‘ Aufgaben: In Druckschrift abgeschriebene Sätze aus unserer Fibel, bei denen ein Wort fehlte oder sich eins zuviel versteckt hatte, oder die Bilder zugeordnet werden mußten, oder oder. . .

An der großen Zahl meiner ‚Lese-Hausaufgaben‘ sah ich, wie groß die Motivation der Kinder besonders zu diesem Zeitpunkt war, ihre neu erworbene Kunstfertigkeit anzuwenden. Schade fand ich nur, daß die mit soviel Sorgfalt beschriebenen Blätter dann lose im Tornister (und zu Hause voraussichtlich im Papierkorb) landeten. Ich suchte nach einem Weg, die Begeisterung der schreibenden Kinder zu stützen und die jetzt nur staunenden Leser auch zum Schreiben zu motivieren.

Schließlich kam mir die Idee, die Geschichten in einer Mappe zu sammeln und sie in der Leseecke zu deponieren. Damit wir ein richtiges ‚Buch' erhielten, leistete ich noch ein paar Vorarbeiten.
Ich schrieb auf einen roten Ordner (rot ist unsere Farbe für Sprache): ‚Geschichtenmappe'. Dann zeichnete ich eine Kopiervorlage mit großer Lineatur, auf der auch noch Platz zum Malen blieb.
Damit ich nicht jedes Blatt bei Bedarf einzeln ausgeben mußte, legte ich den Kopienstapel in eine Schublade unseres Schubladenturms. Ein großes Klebeschild kennzeichnete den Inhalt der Lade:

Schreibschrift-lele ist unser Symbol für Schreibaufgaben und -material, die leeren Zeilen signalisieren: Blanko-Blätter.

Der Turm steht an einem für die Kinder leicht zugänglichen Platz. Im Stuhlkreis erklärte ich den Kindern meine Idee: Wer Lust hat, darf

— als Sonderangebot (nach Beendigung einer Stillarbeit)
— in der Freien Arbeit
— als freiwillige Hausaufgabe

auf das Blatt eine Geschichte schreiben, wobei wir das Wort ‚Geschichte' recht großzügig gebrauchten. Auch ein Satz mit dem passenden Bild gilt durchaus als Geschichte. Wem keine eigene Geschichte einfällt, der kann

— mit unseren Wortkarten (gehören zur Fibel) eine Geschichte legen und abschreiben
— aus dem Lesebuch eine Geschichte abschreiben
— Frau Kemp oder einem anderen Erwachsenen eine Geschichte diktieren und sie anschließend abschreiben. (Vorgeschrieben habe ich immer in Druckschrift.)

Die so entstandenen Geschichten wollten die Kinder bei unserer Nikolausfeier den Eltern vorlesen.

Natürlich traten bei der Arbeit noch viele Probleme auf:

— Es kamen sehr viele Buchstaben vor, die wir noch gar nicht kennengelernt hatten. Für die Kinder war das kein Problem: Sie fragten unsere ‚Leseratten' oder mich, wie der Buchstabe hieße und lernten auf diese Weise schon vieles im voraus. Nach entsprechender Anleitung konnten die meisten Kinder auch mit Hilfe des Bild-Buchstaben-Anhanges unserer Fibel den Laut selbst herausfinden. Außerdem beobachtete ich bei vielen Kindern zu meiner Freude, wie sie spontan lautierten und synthetisierten.
— Das Schreiben in die Linien war für viele Kinder sehr schwer. Hier wäre es vielleicht einfacher gewesen, die auch im CVK-Leselehrgang benutzte Lineatur für das Druckschriftschreiben zu wählen.

Pünktlich zur Nikolausfeier waren die Geschichten fertig geschrieben und gemalt. Außerdem hatte jedes Kind geübt, seine Geschichte zu lesen, und sie oft im Sitzkreis den anderen vorgelesen. Der Erfolg unserer Geschichtenmappe bei den Eltern war groß. Alle Kinder lasen ihre Geschichte vor, zeigten ihr Bild herum und erhielten gebührenden Applaus.

Nach der Feier waren alle Kinder erst recht wild aufs Schreiben, und die Geschichten wurden noch oft nachgelesen.

Petra Kemp

Berufsgeschichten der Klasse 1b

In der zweiten Woche des ersten Schuljahres hatten wir die Seiten 4/5 der Habakuk-Fibel bearbeitet. Da gibt es eine Geschäftsstraße mit Namen wie ‚Post‘, ‚Bank‘, ‚Hut‘, ‚König‘, ‚Bäckerei‘. . . Als Einstieg hatte ich ein Klassengespräch gewählt: Was willst du einmal werden?

Thema der Habakuk-Einheit in der 22. Woche war: ‚Was willst du werden?‘ Was lag näher, als daß wir uns erinnerten, wie wir schon einmal unsere Berufswünsche einander mitgeteilt hatten? Nun aber waren wir schon ein Stück größer, schlauer und tüchtiger geworden. Wir konnten das sogar schon aufschreiben. Das hätte, sagte ich, viele Vorteile; zum Beispiel könnte ich nicht mehr vergessen, was jede/r werden wollte — ich könnte es ja immer nachlesen.

Dann hatte ich noch eine Idee: Wir könnten alle Geschichten in einer Mappe sammeln. Das wäre dann ein richtiges Buch mit 24 Seiten. Wenn dieses Buch in unserer Lesekrippe liege, könnte jeder von uns lesen, was der andere mal werden wolle.

Das fanden die Kinder spontan hochinteressant. Sie waren be-

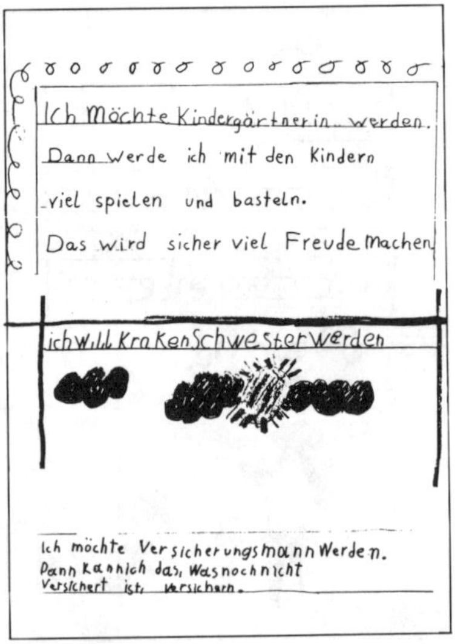

geistert und wollten gleich an die Arbeit. Aber — wie macht man das? Eine Buchseite ist ja nicht einfach ein Blatt Papier. (Wie schrecklich viele doch von den Kindern vollgeschrieben werden müssen in einem langen Schulleben!)
Nun kamen Anregungen von den Schülern: „Rahmen drum machen!“ Sie dachten sich das wie das Einrahmen mit Bilderrahmen. „Schreiben und dazu malen.“ Auch Linien wollten sie ziehen. Und „schön groß schreiben“, sonst könnten andere das ja nicht lesen. (Die andern sind ja immer etwas dummer als man selbst.) Als Schrift wurde selbstverständlich „drucken“ gewählt. Lesen und Drucken gehören zusammen. Schreiben und Schreibschrift lernt man in einem besonderen Schreiblehrgang. Der ist für die Kinder harte Handarbeit und hat wenig mit Lesen zu tun.
Nach solchen erklärenden Vorbereitungen machten sich alle an die Arbeit. Das geschah ohne Unterbrechung. Man kann ja so schwer abbrechen, und welcher Künstler ließe sich Druck von außen gefallen? Dann — ganz wichtig! — holten zwei Kinder bei der Schulsekretärin eine Mappe. Wir hefteten die Blätter ein und bestaunten unser Werk. *Irma Rosenow*

Einkaufsgeschichten vom ersten Schuljahr

Wohl jedes Schülerbuch fürs erste Schuljahr bringt in irgendeiner Form das Thema ‚Einkaufen‘.
Klassengespräch in der 24. Woche: Wie ist das bei euch zu Hause mit dem Einkaufen? Wo, was, wann kauft ihr ein? Wer kauft ein? Wer bestimmt, was gekauft wird? Gibt es Streit? Zwischen wem? Wer setzt sich durch? Wer darf seine Sachen, die er braucht, selbst aussuchen? Wer von euch geht schon allein einkaufen? Was kannst du wo allein einkaufen? Wie machst du das, nichts zu vergessen? Die Geschichte von den Rosinenbröt-

chen und von den Briefmarken und ‚Was hat Frau Rumpumpel eingekauft?‘ von Ursula Wölfel gehören fast selbstverständlich als mein Beitrag hierhin.

Spätestens bei der Frage, was gegen Vergeßlichkeit zu tun sei, kommt die Überleitung zum Einkaufszettel:

— den bisher Mutti schrieb und der nur abgegeben wurde,
— den Mutti (gut lesbar) schreibt und den das Kind selbst liest,
— den das Kind (weitgehend) selbst schreibt und selbstverständlich auch lesen kann.

Auf einem Elternabend haben wir gemeinsam darüber gesprochen, bewußt die Kinder zum Kaufmann zu schicken und den Einkaufszettel, nicht zu lang und nicht zu schwer, selbst schreiben zu lassen. Es gab auch eine Wochenhausaufgabe: Einkaufszettel sammeln, mitbringen, untereinander zeigen, lesen lassen. Diese Übung ist viel interessanter, als auf Lesekärtchen ‚Butter‘, ‚Käse‘ und ‚Brot‘ lesen zu müssen.

Auf den Weg vom Einkaufszettel zur Einkaufsgeschichte und zum Einkaufsbuch haben mich die Kinder gebracht. Das erste Buch (Berufsgeschichten, siehe oben) hatte ihnen so viel Spaß gemacht.

Wir arbeiteten die Einkaufsgeschichten in einer Doppelstunde: Ich faßte einfach Sprach- und Kunst-Stunde zusammen. Jedes Kind entschied allein oder mit Partnern die Seitengestaltung: Rand, Linien, Schrift, Bild, Farbe, Stifte, Umfang des Textes. Einige Kinder begannen sofort. Andere mußten sich zunächst umsehen, was ringsherum geschah. Ein leeres weißes Blatt frustriert einige Kinder immer wieder neu. Da lasse ich sonst auch auf Zeitung und Tapete malen und schreiben. *Irma Rosenow*

Geschichten von der 1a

Zeitpunkt

Wenn man mit den Kindern des ersten Schuljahres ein Buch machen will, das sie wirklich selbst schreiben (nicht nur sprechen, wie es ja auch geht), muß man natürlich warten, bis fast alle Buchstaben ‚dran' waren, bis alle Kinder lesen können und einfache Wörter schreiben können. Bei uns war es im März soweit, wobei die Osterferien dann etwas störend dazwischenkamen. Also besser: Nach den Osterferien beginnen.

Themen

Es ist im ersten Schuljahr sinnvoll, sich etwas an die Anregungen anzulehnen, die die Fibel liefert. So können die Kinder Teile ihres Grundwortschatzes benutzen und fühlen sich sicherer. Danach kann man von Text zu Text mehr Spielraum geben, so daß die Kinder je nach Leistungsfähigkeit und Lust mehr eigene Ideen dazutun können. Man vergleiche z. B. die Themen

— ‚Rätsel', stark vorgegeben durch mündliches Spiel,
— ‚Lora ist weg', Anregung durch die Fibel, aber viele Variationen möglich,
— ‚Ich spiele mit...', völlig freies Thema ohne Anregung und Vorübung.

Urschrift

Die Kinder schrieben auf Zettel mit Lineatur 1 (zerschnittene Hefte) und erfragten Wörter, die sie nicht schreiben konnten. Diese schrieb ich an die Tafel. Es hagelte Fragen. Dabei sprangen natürlich Ideen über, was fruchtbar, aber auch störend sein kann. (Man kann auch jedem Kind ein zweites Blatt hinlegen, beim Schreiben leise herumgehen und das gewünschte Wort auf den Zettel schreiben.) War das letzte Kind mit seiner Geschichte fertig, wobei natürlich auch drei Sätze akzeptiert wurden, haben wir sofort alle Texte laut vorgelesen. Dies geschah entweder durch mich oder das Kind. Das hat die Vorteile, daß die Neugierde der Kinder sofort befriedigt wird, jedes Kind sich beschäftigt fühlt und unklare Stellen gleich geklärt werden können. Außerdem erhalten die Kinder viele Anregungen für ihre nächste Geschichte.

Verbesserung

Wenn die Geschichten noch einmal abgeschrieben werden sollen und wenn sie als Lesebuch für diese oder spätere Klassen benutzt werden sollen, muß die Rechtschreibung stimmen.

Ich habe verbessert: Rechtschreibung, Zeichensetzung, Fallsetzung, ausgelassene Wörter.
Nicht verbessert wurde der Stil, z. B. stets gleiche Satzanfänge, sonstige Wortwiederholungen, fehlender Anfang und Schluß, Nomen anstelle von Pronomen usw.
Natürlich wurde am Inhalt gar nicht gemäkelt (weder beim Vorlesen noch schriftlich). Man nehme Texte des ersten Schuljahres als völlig freie und freiwillige Leistung; nur so bleibt die Freude erhalten, und nur so wird man auch dem schwächsten Schüler gerecht.

Abschrift
Die Kinder schrieben wieder auf Lineatur 1, wobei wegen des geplanten Fotokopierens ein dünner schwarzer Filzstift benutzt wurde.

Herstellung
— Die fünf Originale jedes Kindes wurden mit Tonpapierdeckeln versehen, links mit Heftklammern geheftet und als DIN A 5-Büchlein zum Muttertag verschenkt.

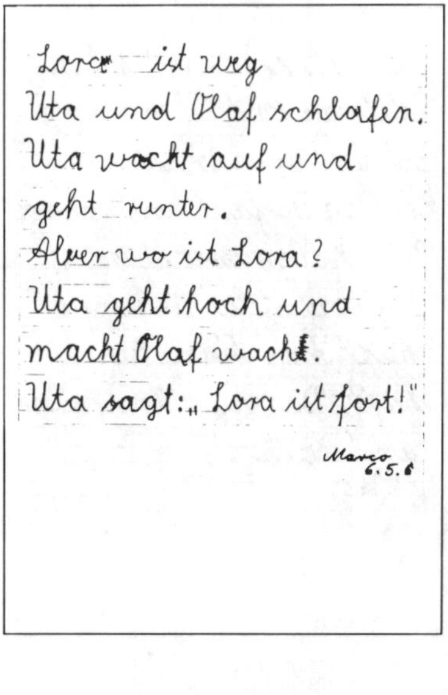
Lora ist weg
Uta und Olaf schlafen.
Uta wacht auf und
geht runter.
Aber wo ist Lora?
Uta geht hoch und
macht Olaf wach.
Uta sagt: „Lora ist fort!"
Marco
6.5.8

Butschi ist weg
Mami macht das Fenster
auf. Bernd macht den
Käfig auf. Er möchte
mit Butschi spielen. Er geht
nach oben und holt
das Spielzeug von
Butschi. Er geht wieder
nach unten. Aber wo
ist Butschi? Er ist fort.

— Die Originale wurden vor dem Klammern paarweise fotokopiert, wobei ich aus Sparsamkeitsgründen immer nur die Hälfte der Geschichten genommen habe. Wenn man mehr Abwechslung im Buch möchte, kann man natürlich auch noch weniger pro Thema aussuchen. Die Auswahl wurde ‚gerecht' vorgenommen, das heißt, von jedem Kind erscheinen etwa gleich viele Geschichten im ‚Klassenbuch'.
Das ‚Klassenbuch' erhielt Inhaltsverzeichnis, Vorstellung der Autoren, ebenfalls Deckblätter aus Tonpapier und wurde dann auch per Hand geklammert. (Achtung: Das geht nur bis zu einer bestimmten ‚Dicke'!)

Lesen

Ein Buch muß natürlich nicht nur geschrieben, sondern auch gelesen werden. Wir haben die ‚Klassenbücher' mit großem Spaß gemeinsam als Lektüre laut gelesen. Dies werden wir im zweiten Schuljahr wieder einmal machen, wobei die Kinder sicher schon so manchen Satz und manchen Inhalt mit anderen Augen sehen werden.

Susanne Mallick

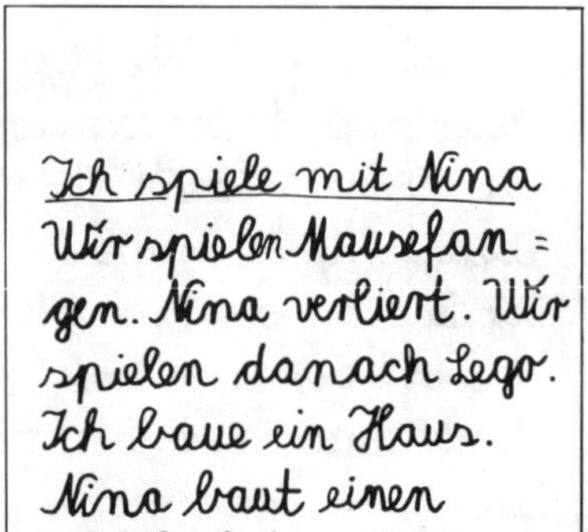
Ich spiele mit Nina
Wir spielen Mausefan=
gen. Nina verliert. Wir
spielen danach Lego.
Ich baue ein Haus.
Nina baut einen
Parkplatz. Dann
spielen wir damit.
Julia 9.5.

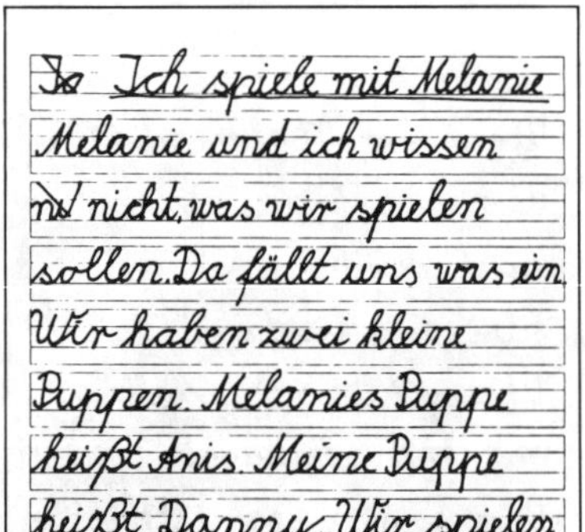
Ich spiele mit Melanie
Melanie und ich wissen
nicht, was wir spielen
sollen. Da fällt uns was ein.
Wir haben zwei kleine
Puppen. Melanies Puppe
heißt Anis. Meine Puppe
heißt Danny. Wir spielen
und lachen.
Keroline 9.5.

Unser ABC-Buch

Eigentlich sollte unser ABC-Buch ja nur eine Art erweitertes Buchstabenhaus werden — zu jedem Buchstaben bzw. Lautzeichen passende Bilder, Zeitungswörter, Reime und Zungenbrecher. Den Abschluß sollten dann ABC-Gedichte und verschiedene Alphabete (z. B. Tier-ABC usw.) bilden. Herausgekommen ist nun aber viel mehr: ein eigenes Wörterbuch, in dem wir während des ganzen nächsten Schuljahres arbeiten können. Unser klasseneigener Grundwortschatz soll darin zusammengestellt werden, und zwar sowohl alphabetisch geordnet als auch nach thematischen bzw. orthographischen Gesichtspunkten gegliedert.

Auf die Idee dieser Erweiterung des ‚Lesebuchs' zum ‚Arbeitsbuch' brachte mich der Artikel „Zur Arbeit mit dem Rechtschreibübungswortschatz in der Grundschule" von Wolfgang Menzel (Zeitschrift Praxis Deutsch, Heft 69, Januar 1985) und die ebenfalls im gleichen Heft abgedruckten Arbeitsblätter zur Rechtschreibung im 2.—4. Schuljahr.

Diese Arbeitsblätter kopierte ich und fügte sie — noch ergänzt durch eine alphabetisch geordnete Wörterliste — an den von den Schülern gestalteten Teil des Buchs an. Zusätzlich kamen noch linierte Leerblätter hinter die einzelnen Buchstabenblätter. Dort können die Kinder nun im Verlauf des 2. Schuljahres die wichtigsten Wörter eintragen.

Über hundert Seiten dick ist unser Buch geworden, aber der Arbeitsaufwand der Kinder hierfür war wirklich gering. Zweimal zwei Stunden brauchten sie, bis alle Blätter fertig waren.

Die einzige Vorarbeit, die von den Kindern zusätzlich zu leisten war, bestand im Ausschneiden von Zeitungsbuchstaben. Daran arbeiteten sie zunächst eine Woche lang jeweils in den Wochenplan-Stunden. Die ausgeschnittenen Buchstaben wurden in Kästchen geordnet. (Ideal für diese Arbeit waren die kleinen Sortierkästchen von Lehr- und Arbeitsmittel Heide Kraft, Eichendorffstr. 29, 4400 Münster.)

Das Ausschneiden und Sortieren machte den Kindern Spaß. Sie lernten so auch wirklich spielend die Druckbuchstaben kennen. Besonders gerne benutzten sie die ausgeschnittenen Buchstaben auch, um selbst Wörter aufzubauen und in ihre Mappen zu kleben. Hätte ich — wie geplant — ganze Zeitungswörter ausschneiden lassen, hätte ich den Kindern eine unwahrscheinlich lustbetonte und kreative Phase vorenthalten.
Meine Vorarbeit für unser Projekt bestand im Beschriften der Buchstabenblätter (jeweils Groß- und Kleinbuchstabe in der Mitte des Blattes) und im Vervielfältigen der Linienblätter, die die Kinder brauchten, um Reime und Zungenbrecher auf das unlinierte Papier zu schreiben.
Die Arbeitsverteilung verlief ziemlich problemlos. Sowohl für die Buchstabenblätter als auch für die Abschreibaufgaben hatte ich je einen Plan ausgehängt, an dem sich die Kinder eine Arbeit auswählen konnten. Manche Kinder entschieden sich für Einzel-, andere für Partnerarbeit. Meine besonders Lesebegeisterten wählten gleich die Gestaltung von Buchstabenblättern mit den noch nicht gemeinsam erarbeiteten Buchstaben.
Nicht alle Kinder haben ihre Blätter optimal gefüllt. Erst ärger-

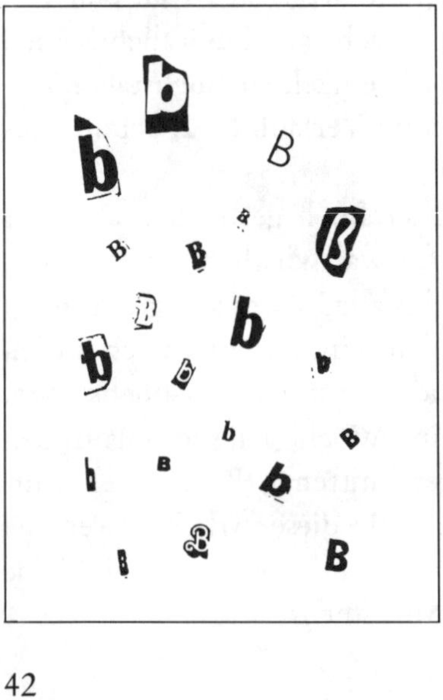

Bunte, bunte Blumen
binden wir zum Strauß,
bunte, bunte Blumen
bringen wir nach Haus.

te ich mich ein wenig darüber und versuchte zu erreichen, daß sie ihr Blatt auch vom Optischen her besser gestalten. Aber einige hatten dazu keine Lust; und inzwischen denke ich mir, daß es vielleicht gut ist, wenn jedes Kind nachher sein eigenes Exemplar noch mit Bildern und dergleichen ganz individuell ausgestalten kann.

Die größten Schwierigkeiten tauchten für mich bei der Gestaltung der Deckblätter auf. Eigentlich wollte ich sie bestempeln lassen: „Mein ABC-Buch". Drumherum sollten lauter einzelne Buchstaben gestempelt werden. Aber die ersten Versuche der Kinder gingen — trotz Vorlage — meist schief. Da wurden Buchstaben verkehrt herum gestempelt und teilweise auch ganz schön geschmiert. Nein, das sah wirklich nicht ansprechend aus!

Nun habe ich mir eine Kopiervorlage gestaltet, per Thermokopierer eine Matrize davon hergestellt und damit dann die Pappen bedruckt. Damit die Deckel nicht im Laufe der Zeit verschmieren, habe ich sie anschließend noch mit Folie überzogen. Das geht mit dem Thermokopierer schnell und sauber.

Nun kann ich nur noch hoffen, daß uns die Arbeit mit diesem selbst entworfenen Arbeitsbuch im nächsten Schuljahr viel Freude macht.

Hannelore Bares

König Muckelbass und die drei Räuber

Das erste Halbjahr Schule liegt hinter den Kindern. Sie haben einander näher kennengelernt, können sich in ihrem Klassenraum zurechtfinden. Die Schüler kennen ihre ‚Ecken' zum Lesen, Basteln, Spielen und finden sich in ihrem Ranzen zurecht: Rote Mappe = Mathematik, blaue Mappe = Lesen, . . .
Wir haben das D(d) klingen lassen, die vereinbarten Zeichen für An-, Mit- und Auslaut gesetzt; neue Wörter gedruckt, die nach Verlängern hinten ein d klingen lassen, und aus Zeitschriften haben wir entsprechende Bilder bzw. Wörter ausgeschnitten. Nach einer Hofpause fährt der Zug durch die Klasse: Ein- und Aussteigen bis zur Endstation an der Klassentür. Die Rechenoperationen werden genannt, als Vertiefung gibt's Blätter für die rote Mappe . . .
Nach dieser intensiven Phase der Anspannung beginnt mit der Aufforderung an die Kinder, ihre Kissen für den Sitzkreis aus dem Regal zu holen, die Phase der Entspannung.
Ich habe eine Geschichte aus dem „König-Muckelbass-Buch" (Der Rabenkönig Muckelbass; Domino-Verlag) ausgesucht, die ich nun frei erzählen will. Je nach Wunsch der Schüler (und der ist meistens vorhanden) stellen sie anschließend bestimmte Situationen/Abläufe im Bild dar, nachdem im Gespräch die wichtigsten Momente der Geschichte herausgearbeitet wurden. Nun werden die Arbeiten in den Sitzkreis gelegt, und jedes Kind erzählt zu seinem Bild. Nach intensivem Gespräch werden jeweils die Bilder von den Kindern ausgewählt, die bestimmte Situationen der Geschichte am besten wiedergeben:
König Muckelbass überfliegt sein Land / König Muckelbass vertauscht die Säcke mit dem Gold und dem Geld / Der Streit der Räuber und die Flucht.
Den Text zu den Bildern diktieren mir die Kinder. Ich drucke ihn auf die Tafel, und der Schüler übernimmt die Zeilen als Begleittext zu seinem Bild. So ist unser ‚Bilderbuch' im Entwurf fertig.

Der weitere Gang ist zwar folgerichtig, aber auch nur durch Entgegenkommen der städtischen Druckerei möglich. Schon seit Jahren pflege ich guten Kontakt zu den Druckern. Regelmäßig vor den Ferien stelle ich ein Rätsel-, Lese- und Spielheft für die Schüler meiner Klasse zusammen, das dann in der städtischen Druckerei vervielfältigt wird. Vor Weihnachten liegt mein Entwurf für dieses Heft immer in einer Plastiktüte, neben einer Flasche Hochprozentigem . . .

So ist sichergestellt, daß auch jeder Schüler sein ‚Bilderbuch' mit nach Hause nehmen kann. Zudem ist der (rationierte) Bestand der Schule an Umdruckpapier durch solche Maßnahmen nicht gefährdet.

Übrigens: Eine detaillierte Absprache mit dem Kollegen der Parallelklasse (Mumfi-Muck, siehe nächste Seite) über diese Aktivitäten hat nie stattgefunden. Der kollegiale Austausch über alltägliche Unterrichtsabläufe sowie gegenseitige Besuche („Wir laden die 1a zum Obstsalat ein" bzw. „Heute spielt Mumfi Muck ein lustiges Abenteuer für die 1b") brachten den gemeinsamen Grundkonsens über Schule und Unterricht ans Licht.

Peter Kaeseler

Mumfi Muck

Die Handpuppe ‚Mumfi Muck' begleitete unseren Leselehrgang mit der Eigenfibel. Vor den Weihnachtsferien stellte sich die Frage: Was geschieht mit Mumfi Muck in den Ferien? Ein bei den Kindern so beliebtes Wesen kann schließlich nicht in der Schublade des Lehrerpults überwintern. Die Lösung des Problems war nicht schwierig: Mumfi Muck durfte seine Ferien bei den Kindern verleben. Und damit es gerecht zuging, wanderte er täglich von einem Kind zum anderen.

Im neuen Jahr erzählten die Kinder, was Mumfi Muck bei ihnen jeweils erlebt hatte. Spontan fiel uns ein: Jedes Kind kann das mit einem oder zwei Sätzchen aufschreiben. So entstanden die „Ferienerlebnisse mit den Kindern der 1a". Um den Kommunikationswert der Schülerproduktionen und die Freude am eigenen Schreiben und Lesen zu erhöhen, werden alle unsere Bücher auch der Parallelklasse geschenkt. Mit dem Kollegen ist verabredet worden, sich hier stets gegenseitig auszutauschen. So gab die 1a der 1b ihr Mumfi-Muck-Buch und erhielt von der ihren ‚Muckelbaß' (siehe Vorseiten).

Bruno Lück

Das Schildkrötenbuch

Es war kurz nach Weihnachten, es hatte geschneit und gefroren — und unser Thema hieß ‚Vögel im Winter'.
Herdeckes Federvolk war mit selbstgebauten Futterhäuschen gut versorgt, nur die Enten auf der fast ganz zugefrorenen Ruhr machten uns noch Sorgen. Also gingen wir mit Brotresten zum Entenfüttern.
Als Thorsten rief: „Da liegt ja eine Schildkröte im Wasser!" dachte ich erst, er wolle uns aufs gar nicht mehr sprichwörtliche Glatteis des Ruhrufers führen. Aber es war wirklich eine große Schildkröte. Sie hing unbeweglich auf einem Stein am Ufer nahe einem kleinen Wasserstreifen.
Zufälligerweise hatte ich gerade einen Artikel über ‚Tierfreunde' gelesen, die lästig gewordene Tropenschildkröten aussetzen. An den roten Wangenstreifen erkannte ich die im Artikel erwähnte Rotwangen-Schmuckschildkröte, die eine Wassertemperatur nicht unter 24 °C zum Überleben braucht.
Die nun folgende Aufregung brauche ich sicher nicht zu schildern. Nur soviel:

— Der Zoohändler wollte zwar unsere Schildkröte wegen evtl. Krankheiten nicht haben, schenkte uns aber („Schildkröten sind soziale Tiere") noch eine kleinere Rotwangenschmuckschildkröte dazu; wir bekamen auch Futter und ein Buch umsonst.
— Die Kinder tauften die ‚zugelaufene' Schildkröte Sina und die geschenkte Schildi. Sina fraß vier Tage lang nichts und ging auch nicht ins vorschriftsmäßig temperierte Wasser.
— Der Tierarzt stellte Lungenentzündung und hochgradige Unterernährung fest und gab Sina eine Spritze. Auf ein Honorar verzichtete er großzügig, als ich ihm die näheren Umstände schilderte.

Für einige Zeit wurde nun unser Unterrichtsalltag stark von Schildkröten geprägt. Beim Kopfrechnen fraß die kranke Sina (endlich!) vier von zehn Mückenlarven auf (wie viele sind für

Schildi übrig?), beim Lesen nutzte ich Sinas Krankheit schamlos aus. (Tafeltext: Wir wollen leise sein. Sina soll schlafen.) Die Kinder waren begeistert bei der Sache.

Für Leseratten entwarf ich daraufhin einen fortlaufenden Text über unsere Schildkröten mit einfachem Satzbau. Es kamen auch Buchstaben vor, die noch nicht eingeführt waren, aber die Kinder hatten gelernt, solche Probleme durch Nachfragen oder Konsultieren des Buchstabe-Bild-Aushangs unserer Fibel zu lösen.

Damit mehrere Kinder gleichzeitig Sina-Geschichten lesen konnten, schrieb ich immer zwei Sätze des Textes auf eine Karteikarte DIN A 5 — vorn in Druckschrift, hinten in Schreibschrift. Beim Schreiben kam mir der Gedanke, daß einige Kinder die Geschichten vielleicht mit unseren Finken-Druckkästen stempeln oder auch von Hand abschreiben möchten. Also schrieb ich (wie im Finken-Kasten vorgegeben) die Großbuchstaben rot und die Kleinbuchstaben blau. Zum Schluß numerierte ich die Karten durch und malte in die rechte obere Ecke auch eine Schildkröte. So können wir die Schildkrötenlesekarten nicht mehr falsch einordnen. Ein DIN A 5-Schuber aus meiner Schachtelsammlung diente (mit einer Schildkröte auf dem Klebeetikett) als ‚Kartenständer'.

Die Lesegeschichten waren sehr beliebt, und einige Kinder benutzten unsere Blätter für die Geschichtenmappe (ca. fünf Reihen zum Schreiben, unten Platz zum Malen, vgl. den Beitrag ‚Unsere Geschichtenmappe'), um die Geschichte abzuschreiben und zu bebildern.

Bei der Bewunderung einiger fertiger Bilder kam der Gedanke auf, die Blätter zu sammeln, zu Büchern zu binden und als Dankeschön dem Zoohändler und dem Tierarzt zu schenken. Über diese ‚Dankeschöns' hatten wir nämlich schon gebrütet, und uns war noch nichts Geeignetes eingefallen.

Drei Bücher wollten wir abschreiben; eins sollte für die Leseecke sein.

Damit nun Sina-Karte 5 nicht sechsmal, Karte 1 aber nur zwei-

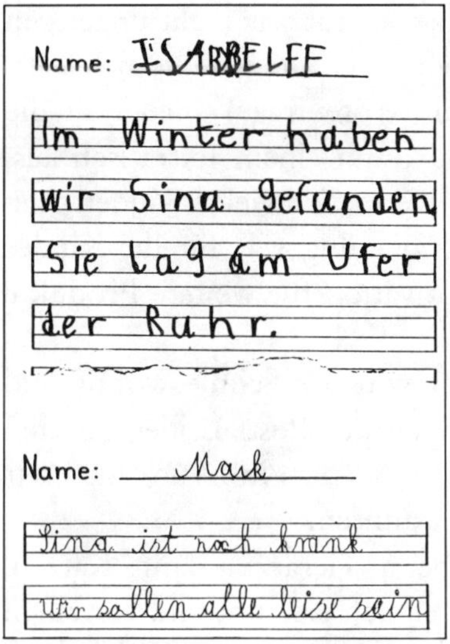

mal geschrieben wurde, durften die Kinder auf die gewählte Karte mit Bleistift ihren Namen schreiben. Auf jeder Karte sollten nicht mehr als drei Namen stehen. Diese Regelung klingt kompliziert, klappte aber vorzüglich. Fertige Blätter sammelten wir in einem Ablagekorb. Bis auf ein Kind haben sich alle mindestens eine Karte vorgenommen — jeder wollte natürlich seinen Namen im Buch vertreten wissen! Zum Schluß nahmen sich einige Kinder den Ablagekorb und sortierten die Blätter in drei Päckchen.

Für den Zoohändler und den Tierarzt ließen wir noch ein Unterschriftenblatt herumgehen. Das Deckblatt aus Pappe verschönten wir mit selbstgemalten, ausgeschnittenen und aufgeklebten Schildkröten.

Statt das Buch zu heften (wie das Weihnachtsbuch) oder eine Lochbindung zu machen, kaufte ich — der Einfachheit halber — eine Klemmschiene für DIN A 4-Blätter (Bürofachhandel, ca. 0,60 Pfennig; auch für DIN A 5 erhältlich).

Dann war der große Tag gekommen — alle Kinder marschierten in die Zoohandlung, bedankten sich noch einmal für Rat und Unterstützung und gaben stolz das Buch ab. Natürlich hat-

te ich unseren Besuch angekündigt, damit wir nicht ungelegen kamen. Der Zoohändler war beeindruckt und freute sich sehr. Als ich neulich (mit einer Schildkrötenfrage) wieder in die Zoohandlung kam, lag unser Buch auf einem Extratisch aus, und die Herren erzählten mir, es werde von vielen Kinden gelesen und bewundert. Diese Rückmeldung war für die Kinder sehr wichtig und eine große Motivation für weitere Produkte dieser Art.
Dem Tierarzt, der weit entfernt von der Schule wohnt und praktiziert, schickten wir das Buch per Post. Leider gerieten wir mit anderen schulischen Aktivitäten so in Druck, daß wir nicht gemeinsam zur Post gehen konnten.
Bei meinem nächsten Besuch beim Tierarzt — mit Katzen, nicht mit Schildkröten — zeigte er sich erstaunt und vor allem sehr erfreut über unser Geschenk. Als ich seine schmeichelhaften Äußerungen den Kindern übermittelte, war die Befriedigung groß (und die Motivation, etwas Ähnliches wieder in Angriff zu nehmen).
Leider war die Freude der Kinder an dem dritten Schildkrötenbuch, das für ihre Leseecke gedacht war, nur sehr kurz. Während einer Fortbildungsveranstaltung, zu der ich unter anderem auch das Schildkrötenbuch zur Illustration unserer Bücherschreibwut mitgenommen hatte, wurde uns dieses Exemplar von allzu interessierten Kollegen gestohlen. *Petra Kemp*

Nikolaus - Buch

Weihnachtsfeier im ersten Schuljahr: Der Nikolaus kommt. Auf dem Rücken trägt er einen großen Sack und im Arm ein dickes rotgoldenes Buch, das Nikolausbuch. Feierlich schlägt er es auf. „Jan“, beginnt er. Artig geht Jan zu ihm nach vorn. Und nun liest der Nikolaus einen Spruch vor, in dem er Jan lobt für seinen Eifer beim Schleppen des Kakaokastens treppauf, treppab. Auf der nächsten Seite steht ein Vers für Salvatore, der für seine lustigen Späße guten Zuspruch erhält. Danach ermutigende Worte für die stille, schüchterne Sandra. Mit dem Titel ‚Lesekönig' wird Giacomo ausgezeichnet, und alle können hören, welch toller Rechenkünstler Sascha ist.

Der Nikolaus spart nicht mit Lob. Aber auch Tadel teilt er aus: an die Zappelkinder, deren Plappermäulchen nie still stehen können, und an die Wilden, die immer wieder so unbändig toben und raufen, bis aus Spaß Ernst wird und Tränen fließen.

Wie sie da alle, einer nach dem andern, vor dem großen Weihnachtsmann stehen, erwartungsvoll und ehrfürchtig den ermutigenden aber auch gestrengen Worten lauschen! Wie gut, daß man hinterher in den riesigen Krabbelsack tauchen kann und sich etwas (möglichst Großes) angeln darf!

Die Kunst des Dichtens — nicht jedem ist sie in die Wiege gelegt. Ich mußte meine schöpferischen Kräfte erst einmal entdecken — eine reizvolle aber fallweise sehr mühselige Tätigkeit.

Der erste Schritt war, zu jedem Kind etwas Lobenswertes zu finden und aufzuschreiben, zum Beispiel:

— Eine typische Verhaltensweise beim Umgang mit den anderen
  (Dinge gerne ausleihen, jemanden gern trösten, beschützen, Ämter eifrig versehen, gut Ordnung halten mit den eigenen Sachen, gern Ordnung schaffen in der Klasse, Staub wischen, fegen. . .)
— Auffälligkeiten im Lernverhalten
  (Sich häufig melden, viele Fragen stellen, viel erzählen können, zügig und ausdauernd Aufgaben erledigen, geschickt Knobelaufgaben lösen, tolle Ideen haben. . .)
— Spezielle Fertigkeiten in den verschiedenen Lernbereichen
  (Schnell ein Lied, Gedicht auswendig können, lange Strecken schwimmen können, gern mit Instrumenten musizieren, ein Spitzenfußballer sein, sich im Buchstabenhaus gut auskennen, ein fixer Rechner sein, die Hausaufgaben im-

mer fleißig machen, besonders schöne Bilder malen können, Flugzeuge basteln. . .)

— Besondere Ereignisse

(Neu in der Klasse sein und schon Freunde gewonnen, eine lange Krankheit überstanden, den rechten Arm in Gips und sich tapfer abmühen mit Linksschreiben. . .)

— Markante persönliche Eigenarten

(Dauernd zu Späßen aufgelegt sein, Schnecken züchten, in der Frühstückspause mit Bärenhunger viele Brötchen und Kakaos vertilgen können, schwarze, blitzende Augen, eine schnelle Zunge haben. . .)

Bei manchen Kindern mußte ich lange überlegen, bis mir etwas Charakteristisches einfiel, wohl weil sie so brav und unauffällig sind.

Ein Nikolaus muß nicht nur loben. Er darf natürlich auch tadeln; für mich eine günstige Gelegenheit, meinen kleinen Quälgeistern einen ‚guten Rat' mit auf den Weg zu geben. Stärken (und Schwächen) zu jedem Schüler aufzeigen und aufschreiben — diese Arbeit erinnerte mich übrigens stark an das Erstellen von Gutachten!

Nun galt es, die Inhalte in Verse zu kleiden: Formulieren, Reime produzieren, rhythmisieren, notieren, korrigieren. Rauchender Kopf, Ideenflaute. . .

Meine dichterischen Versuche wären wohl nie zu einem befriedigenden Ergebnis gelangt; ich hätte ständig daran weiter feilen wollen. Aber weil die Zeit drängte, mußte ich den nächsten Schritt tun: die Verse in ein Buch schreiben.

Das Nikolausbuch sollte dick und rot und gold sein. Ich kramte ein leeres Photoalbum aus meinem Schrank aus, das sich vorzüglich zu diesem Zweck eignete. Es besaß einen roten Stoffeinband. Den beklebte ich mit vielen goldenen Sternchen. Mit schwarzem Filzstift schrieb ich auf jede Seite einen Spruch, oben den Namen des Kindes, darunter den Vers. Der Platz auf der Seite daneben war vorgesehen für ein Photo des Kindes, das während der Nikolausfeier geknipst werden sollte.

Leonardo Capelli

Leonardo
kann so schöne
Späße machen,
über die wir alle
gerne lachen.

Yavus Durgun

Mit dem Fußball in der Hand
kommst du auf den Hof gerannt
Deine schwarzen Augen blitzen,
will man dir den Ball stibitzen

Nach den himmlischen Diensten als Nikolausbuch erhielt das Album einen Platz im Leseregal und diente von nun an als Lesebuch der Klasse 1 c. Es wurde die meistgelesene Lektüre meiner Schüler. Auch jetzt im zweiten Schuljahr greifen die Kinder immer wieder danach. Jeder will seinen Spruch sehen oder andere nachlesen.

Wehe dem, der Giacomo den Titel ‚Lesekönig' streitig machen will. Zwar merkt er, daß einige Schüler ihn inzwischen eingeholt haben. Aber auf seinem Titel beharrt er felsenfest. Wer das nicht wahrhaben will, dem hält er das Buch unter die Nase und triumphiert: „Siehst du, da steht's!"

Hinten waren noch einige Seiten frei. Dort sammeln wir Extrabilder von uns, z. B. Zeitungsbilder oder andere Schnappschüsse. Unsere Fußballstars, die mit ihren Erfolgen laufend Schlagzeilen in der Zeitung liefern, haben schon großen Raum im Album eingenommen. Die Abbildungen unterlegen wir mit einfachen Texten.

Flecken, Fingertapsen und Wischspuren geben lebendig Zeugnis davon, wie viele Leseratten in ihrem Klassen-Lesebuch geschmökert haben.

Gretel Herzog

Weihnachtsbuch der Klasse 1 c

Als wir über ein geeignetes Weihnachtsgeschenk für die Eltern nachdachten, gingen viele Vorschläge in die Richtung ‚Geschichten schreiben'.

Ganz spontan kam mir eine Idee: Jedes Kind könnte allein oder mit einem Helfer eine Geschichte schreiben (wie wir es für die Tiergeschichten und die Geschichtenmappe schon getan hatten) und diese Geschichte dann mit dem Stempelkasten abdrucken. Die fertigen Blätter sollten kopiert und zu einem Buch gebunden werden; das sollte das Weihnachtsgeschenk für die Eltern sein. Ein ganzes Buch selber schreiben und dabei die neu erworbenen Fähigkeiten ausprobieren — die Kinder waren Feuer und Flamme. Besonders, da wir zu dieser Zeit erst zwölf Buchstaben gelernt hatten.

Sofort gingen wir an die Arbeit. Bei jeder Gelegenheit — während einer Stillarbeitsphase, während der Freien Arbeit oder in der Pipi-Pause — holte ich mir ein Kind ans Pult und überlegte mit ihm ‚seine' Geschichte. Da die Stempel des Finken-Stempelkastens großformatig sind, konnten wir nur zwei bis drei Sätze schreiben. Den meisten Kindern fiel natürlich viel mehr ein. Ich schrieb alles auf, achtete aber darauf, daß die den Kindern wichtigsten Mitteilungen am Anfang des Textes standen.

Fast alle Kinder wollten Schulgeschichten schreiben: Vom Quiesel (unserer Fibel-Handpuppe) oder von den Dingen, die sie am liebsten machten. Nach drei Tagen hatte ich alle 22 Geschichten notiert (Beispiel: S. 55 oben).

Jetzt folgte eine langweilige Arbeit:

Einen Nachmittag lang schrieb ich die Texte in Druckschrift auf Karteikarten. Dabei benutzte ich blauen Filzstift für die Kleinbuchstaben und roten Filzstift für die Großbuchstaben — das entspricht den Farben der Finken-Stempel. Am Ende jedes Wortes machte ich in weiser Voraussicht einen senkrechten grünen Strich als Zeichen dafür, daß hier eine Lücke gelassen werden mußte. Bei längeren Texten unterstrich ich die letzten

ein oder zwei Sätze mit einem Markierstift. Diese Sätze sollten nur dann gedruckt werden, wenn auf dem Blatt noch genug Platz war und die Kinder Lust hatten, weiterzudrucken (Beispiel: s. unten).

Dann bereitete ich noch einen überzähligen Schülertisch als Materialtisch vor. Dort deponierte ich die Stempelkästen und die Stempelkissen, die Karteikarten, Stempelpapier mit vorgedruckten Kästchen, Lesezeichen (als Orientierungshilfe), eine Schere und Korrekturband zum Fehlerverbessern (Tiefkühletiketten haben den Nachteil, daß die Tinte wegen der glatten Papieroberfläche nur schwer trocknet und deshalb leicht verwischt; Korrekturband: Klebeband „Scotch Correcta" mit Schreibpapieroberfläche, in drei Breiten; Fachhandel für Bürobedarf). Und dann konnte es losgehen.

Um die Arbeitsweise zu erklären und einzuüben, bestellte ich zunächst nur wenige Kinder zur „Kleinen Gruppe" (= Förderunterricht).

Nachdem alle Kinder in der Kleinen Gruppe diese intensive

Einführung bekommen und ihre Arbeit begonnen hatten, konnte nun aus unserer „Kleinen Gruppe“ eine „Große Gruppe“ werden — ich bestellte also alle Kinder zum Förderunterricht. Meine Aufgabe in dieser Arbeitsphase bestand vor allem darin, mit einigen lernschwachen Kindern zu arbeiten. Sie hatten trotz Lesezeichen und grünen Strichen oft Probleme mit der Orientierung auf dem Stempelblatt und beim Herausfinden noch unbekannter Buchstaben. Andererseits beobachtete ich mit Staunen, daß gerade diese Kinder bei der Stempelarbeit intensiv die bekannten Buchstaben wiederholten und einige neue, für sie bedeutsame Buchstaben dazulernten („Das ist ein G — so fängt ja mein Papa an!“).

Als die ersten Kinder ihre Geschichte fertig gestempelt hatten, gefielen uns beim Betrachten des Blattes die vielen leeren Kästchen vor allem am Ende der Reihe nicht. Außerdem entdeckte Britta, daß sie gleich zu Anfang ein Wort ausgelassen hatte.

Kurz entschlossen schnitten wir die Geschichte sorgfältig aus (dabei halfen sich die Kinder gegenseitig) und klebten sie mit doppelseitigen Klebepads (z. B. Fotokett von Zweckform) auf ein weißes Blatt. Dabei wurden auch ausgelassene Wörter nachgedruckt und eingefügt. Beim Aufkleben achteten wir darauf, daß am oberen Rand des Blattes zwei bis drei Zentimeter Heftrand freiblieben.

Jetzt waren die Geschichtenblätter fertig geschrieben, sahen aber noch gar nicht weihnachtlich aus. Im Sitzkreis besprachen wir die Gestaltungsmöglichkeiten. Natürlich wollte jedes Kind sein Blatt mit Weihnachtsmotiven bemalen. Das ging aber nur mit schwarzem Filzstift, weil bunte Farben auf Fotokopien als Grautöne erscheinen. Auch durften nur die Umrisse gezeichnet werden, da sonst beim Fotokopieren die Gestalt des Motivs unklar wird.

Da inzwischen die Zeit drängte (die Masern lichteten unsere Reihen ausgerechnet jetzt), malte ich auf eine Folie Weihnachtsmotive in allen Größen aus Weihnachtsbüchern ab und kopierte die Folie ein paarmal. Jetzt konnten die Kinder entwe-

der selbst ihr Blatt bemalen oder aus der Kopie in der Größe passende Motive ausschneiden und aufkleben.
Während die Kinder diese Arbeiten erledigten, benachrichtigte ich den Vater von Iris, der sich schon vorher bereiterklärt hatte, das Kopieren zu organisieren. Glücklicherweise können drei Väter unserer Klasse öfter mal an ihrer Arbeitsstelle fotokopieren. Diese Helfer wurden nun unsere Komplizen, denn natürlich wollten wir unser tolles Geschenk bis Weihnachten geheimhalten. In der Wartezeit beschriftete ich 27 Bogen Tonpapier DIN A 4 mit der Aufschrift:

Weihnachtsbuch
der Klasse 1 c
1984

(22 Bogen für die Kinder und fünf Exemplare für die eiserne Reserve). Gerade rechtzeitig — drei Tage vor den Ferien — war das Buch fertiggeworden. Jetzt übten noch alle Kinder fleißig ihre Geschichte, damit sie auch gut vorlesen konnten.
Bei dieser Gelegenheit erzählten einige, sie wollten das Buch mal mitnehmen und ihrer ‚alten' Kindergartengruppe zeigen. Das war natürlich eine tolle Idee — zumal alle sowieso bald die Kindergärten besuchen wollten. Ein Weihnachtsbuch schenkten wir dem Kindergarten. Auch Kinder aus dem anderen Kindergarten schenkten ihrer Gruppe ein Buch. Es bewährte sich, daß ich fünf Bücher extra eingeplant hatte:
— eines bekam unsere Patenklasse
— zwei bekamen die Kindergärten
— ein Exemplar war für mich.

Auch bei den Eltern wurde unser Weihnachtsbuch ein großer Erfolg. Sie staunten (wie ich), wie viele neue Buchstaben die Kinder bei dieser anspruchsvollen Arbeit dazugelernt und welche Fortschritte in der Lesetechnik sie gemacht hatten.

Petra Kemp

Vogelbücher

Unterrichtsthema in der 30. Schulwoche des ersten Schuljahres (vor den Osterferien) war: Nestbau und Brutpflege.* Aber: Unsere Kinder in Steinhagen/Amshausen haben fast alle einen eigenen Garten. Sie finden verlassene Vogelnester. Sie finden Vogeleier, Eierschalen. Sie finden tote Jungvögel.

Da tragen auch Erstkläßler Material ins Klassenzimmer, und beim Morgenkreis tauschen sie Beobachtungen und Erlebnisse mit uns aus.

Und dann ist da irgendwann der Punkt, wo ich ordnen, ergänzen, zurechtrücken, sachlich informieren, festhalten möchte. Das Ergebnis stand an der Tafel und sah so aus:

bauen legen brüten schlüpfen füttern fliegen

Zu diesen Stichworten haben die Kinder, im Halbkreis vor der Tafel sitzend, ihr Wissen noch einmal mitgeteilt und dazu an die Tafel gemalt.

Thomas wollte unbedingt genau anzeichnen, *wo* die Vögel ihre Nester bauen, nämlich in einer Astgabel. Katrin wollte Eier in Thomas' Nest malen. Das durfte sie nicht: „Mal dir doch selbst ein Nest!" Das tat sie dann auch. Schon war die Kritik zu hören: „Das ist ja ein anderer Baum und ein anderes Nest!" Die Entwicklungsreihe sollte natürlich an *einem* Beispiel dargestellt werden.

Damit entstand in der Logik der Kinder die zwingende Notwendigkeit: Jeder muß sein eigenes Vogelbuch malen! Und der Text? Für den schrieb jedes Kind die sechs Stichwörter auf und machte aus denen seine eigene Geschichte.

Das Format aller Bücher war gleich: zehn mal zehn. Wie es dazu kam? Ich mußte schnell eine für alle befriedigende Lösung finden, als plötzlich 24 Kinder je sechs bis sieben Bäume zeichnen wollten. Ein sechsjähriges Kind malt erfahrungsgemäß klein, sogar klitzeklein. Darum habe ich auf meinem Pult im-

* Eigentlich ist das ein Thema des zweiten und dritten Schuljahres.

mer Zettelblöcke liegen im Format zehn mal zehn. Von denen teilte ich schnell reichlich an alle aus. Auf das ‚Binden' habe ich keinen Einfluß genommen. Die Kinder kamen nach und nach mit ihren eigenen Konstruktionen. *Irma Rosenow*

Thomas und sein Schneemann Fridolin

Den Stoff für dieses Lese-Bilderbuch lieferte mir der tschechische Zeichentrickfilm „Der Schneemann". Gleich nachdem ich ihn zum erstenmal gesehen hatte, wußte ich, daß daraus ein Bilderbuch werden mußte. Dieser aktionsreiche Film bietet Material in Hülle und Fülle für solch ein Projekt.

Daß ich mit meiner Idee richtig lag, zeigte sich gleich zu Beginn. Der Film begeisterte die Kinder, und sie konnten schon nach dem ersten Anschauen eine Menge Einzelheiten erzählen. Als ich ihnen dann von meinem Vorhaben erzählte, gab es ein großes Hallo. Ein richtiges Bilderbuch? Wie geht denn das? Die Kinder fragten mir fast Löcher in den Bauch. Am tollsten fanden sie, daß jeder ein Buch bekommen sollte.

Es war ganz klar, daß wir uns nun den Film noch mal ganz genau anschauen mußten. Schließlich mußten wir doch überlegen, welche Bilder wir für unser Buch malen mußten. Es wurden insgesamt 27.

Wer welches Bild malen durfte, wurde per Los entschieden. Dann ging's los — und schon tauchte die erste Schwierigkeit auf. Da die Bilder anschließend kopiert und erst danach von den einzelnen Kindern ausgemalt werden sollten, durften jetzt ja nur die Umrisse gezeichnet werden. War das schwer! Wieder und wieder mußte ich das erklären. Warum ich nicht gleich gesagt habe, wir machen ein Malbuch, das weiß ich bis heute nicht. Es hätte die Sache sicherlich erleichtert. — Nun ja, schließlich klappte es auch so (bis auf zwei ‚Pannen').

Daß der Schneemann nicht auf allen Bildern die gleiche Mütze trägt und auch manchmal der Schal vergessen wurde, das sehe ich nicht als Panne an. Die Kinder haben das selbst gemerkt, als sie ihr eigenes Buch in der Hand hatten. Viele haben das dann gleich korrigiert. Mit den anderen habe ich in Form eines ‚Suchspiels' die Bildfehler aufgesucht und dann berichtigt.

Auch die Texte zu den einzelnen Bildern stammen von den Kindern. Da unterlief mir allerdings ein entscheidender Fehler:

Ich schaltete — für alle sichtbar — den Cassettenrecorder ein. Vorbei war es mit dem unbefangenen, spontanen Erzählen. Die Sätze kamen stockend. Jeder bemühte sich krampfhaft, besonders treffend und druckreif zu formulieren. Fast alle wählten als Erzählzeit das Präteritum — und das naturgemäß nicht immer richtig (stoßte, bringte, streiteten, gang, ziehte, wurf). Etwas ‚lockerer' hätte ich mir die Sache schon gewünscht, aber nun war es nicht mehr zu ändern. Um zu retten, was zu retten war — und doch noch einen etwas weniger steifen Text für unser Buch zu finden — bot ich in den kommenden Tagen während der WP-Arbeit das Erzählen auf Cassettenrecorder an. Von dem Angebot machten meine Kinder regen Gebrauch. Eine kleinere Gruppe in einem Raum für sich, das trug doch dazu bei, weniger verkrampft zu erzählen. Allerdings lehnten sich einige doch wieder sehr stark an die erste Fassung an.
Nach dem Abhören der Bänder habe ich schließlich aus den verschiedenen Textversionen den Buchtext zusammengestellt. Ich habe mich auch dazu entschieden, den Text nicht von den Kindern selbst schreiben zu lassen. Das hätte sehr viel Mehrarbeit bedeutet und das Projekt zu sehr in die Länge gezogen. Ich hätte Schreiblinien ziehen, jeden Text sauber vorschreiben lassen, nachschauen und höchstwahrscheinlich wieder berichtigen müssen. Diese Zeit habe ich lieber genutzt, um das Buch nach der Fertigstellung mit den Kindern zusammen zu lesen.

Nachdem Daniels Vater uns die Blätter alle kopiert hatte, ging's ans Ausmalen. Das durften die Kinder sowohl während der WP-Arbeit als auch zu Hause erledigen. Die Deckblätter gestalteten wir im Kunstunterricht. Der blaue Karton wurde mit Wachsmalstiften bemalt.
Da wir die Kopien wieder alle kostenlos gemacht bekamen, waren die Bücher spottbillig. Jedes kostete genau 1,15 DM (0,15 DM die Pappe fürs Deckblatt, 1 DM das Binden beim Buchbinder). Und selbst wenn man die Kopien bezahlen muß, kostet solch ein Buch noch keine 4 DM. Dafür ist es dann aber auch das schönste Buch der Kinder! Nachmachen lohnt sich!

Hannelore Bares

Meine Großmama ist Hexe

Für die neuen Erstkläßer wollten wir Bilderbücher herstellen und die am ersten Schultag überreichen. Annette aus meinem vierten Schuljahr hatte die Idee, die Gedichte des letzten Schuljahres zu schreiben und zu illustrieren.
Alle kramten ihre Gedichte heraus, und dann ging's ans Vorlesen und Auswählen. Das war eine schwierige Entscheidung, denn wir mußten drei wichtige Bedingungen beachten:

— Der Inhalt sollte lustig sein.
— Die Kinder mußten zum Gedicht gut malen können.
— Das Gedicht sollte nicht zu lang sein.

Nur wenige Gedichte genügten diesen Anforderungen.
Von einer Druckerei erhielten wir kostenlos wunderbar dicken Karton, der schon fertig zugeschnitten war. So war das ungewöhnliche Format 25 × 11 cm bereits vorgegeben.
Und nun ging's an die Arbeit. Immer vier Kinder arbeiteten an einem Bilderbuch. Sie überlegten, wie sie das Gedicht aufteilen wollten, wie viele Seiten ihr Bilderbuch haben sollte. Die einen schrieben, die anderen malten die passenden Bilder. Die Zu-

sammenarbeit funktionierte selten so gut, Arbeitsschritte wurden genau abgesprochen, Tips und Anregungen gegenseitig vermittelt. Und — man staune! — keiner hörte das Klingeln.
Als alle Text- und Bildseiten fertig waren, ging es ans eigentliche „Buchmachen“. Da der Karton sehr stark war, kam Kleben nicht in Frage. Also griffen wir zur einfachsten Methode und lochten die Seiten. Geschickte Kinderhände flochten Wollzöpfe. Diese zogen wir durch die gelochten Kartonabschnitte, und fertig waren die Bilderbücher. Am ersten Schultag im neuen Schuljahr war es endlich so weit. Nach der Einschulungsfeier saßen Erst- und Viertkläßler zusammen. Die Großen erzählten den Kleinen, wie die Bilderbücher entstanden waren. Jede Gruppe stellte ihr Buch vor, und am Schluß wurden sie alle feierlich überreicht.
Mittlerweile haben die Bilderbücher drei erste Klassen überstanden und gehören zu den begehrtesten Büchern in der Leseecke.

Helga Gagelmann

Kindergeschichten

Kinder wollen schreiben, sich schriftlich mitteilen, und das so früh wie möglich. Meist sogar dann, wenn sie noch gar nicht alles schreiben können, was sie gern möchten.
So habe ich angefangen, die mündlichen Mitteilungen der Kinder — Wochenenderlebnisse meist — selber so zu Papier zu bringen, wie die Kinder sie erzählten. Ich habe das zu einem Zeitpunkt getan, als die Kinder begannen, sinnentnehmend zu lesen — kurz nach Weihnachten war das in meiner Klasse. Die so entstandenen Geschichten schrieb ich auf Matrize und fertigte Abzüge für jedes Kind an. Das gab neben der Fibel zusätzlichen, sehr attraktiven Lesestoff. Manchmal versuchten die Kinder, Bilder zu ihren Geschichten zu malen.
Bei dem nächsten ersten Schuljahr habe ich viel mutiger begonnen und die Kinder sofort ermuntert, kurz und knapp *ein* Erlebnis zu erzählen, nicht die automatisch aufkommenden Aufzählungen der Wochenendverrichtungen mit Schwerpunkt Fernsehen.
Ab Januar habe ich mir dann meist zu den Unterrichtszeiten, zu denen die Kinder selbständig arbeiten konnten, die Erzähler zu mir geholt, und sie diktierten mir ihre Geschichte.
Dabei konnte ich durch Rückfragen an die Kinder Abläufe klären und neue Ausdrücke finden lassen:

Ich bin gestern morgen aufgestanden und habe nach meinem Hamster geguckt. Der lag neben seinem Häuschen. Ich dachte: „Der liegt doch sonst immer in seinem Häuschen!" Ich bin rausgegangen. Mittags habe ich nochmal nach dem Hamster geguckt. Da hat er nur noch ganz schwach geatmet. Um vier Uhr nachmittags ist er dann gestorben. Wir haben ihn in einen Pappkarton gelegt und hinterm Haus vergraben.

Stefan 21.5.84

„War das so?“ „Sollen wir dafür nicht mal ein anderes Wort. . .?“ „Das habe ich nicht richtig verstanden.“ „Kannst du das noch genauer erzählen?“

Zur ersten Geschichte hatte ich leichtsinnigerweise eine flüchtige Handzeichnung angefertigt. Sie sollte die Kinder zur eigenen Illustration ihrer Geschichten ermuntern. Meine Schüler leiteten jedoch aus diesem Bildnis das Recht her, zu jeder ihrer Geschichten passende Bilder geliefert zu kriegen. Mein zeichnerisches Talent reicht dazu nicht aus, aber die Kinder nahmen es

mit Humor und waren mit den Strichkarikaturen nach Art des Hauses durchaus zufrieden.
Der besondere Effekt dieser Illustrationen war und ist, daß die Kinder schon beim Erzählen darauf achten, daß man ihre Geschichte auch malen kann. Und sie warten heiß auf die fertige Geschichte und quietschen vor Vergnügen beim Austeilen der Blätter, wenn sie schon an der Zeichnung ihre Erzählung wiedererkennen.
Im Stuhlkreis liest erst der Verfasser selbst seine Geschichte. Später suchen sich die Kinder die heraus, die ihnen am besten gefällt, und lesen sie vor. Zum Kolorieren der Zeichnungen besteht während der freien Arbeit Gelegenheit, manche arbeiten jedoch auch zu Hause daran.
Am Ende der Klasse 1 gab es schon einige sichere Schreiber, die ihre Geschichte selbst aufschreiben konnten. Natürlich gab das orthographisch falsche Ergebnisse.
Hätte ich nicht Sorge gehabt, daß Kinder und Lehrer Ärger kriegen würden, wenn man falsches Deutsch vervielfältigt und unters Volk bringt, und daß aufgrund dieses Ärgers die Schreibfreude der Kinder von außen unterdrückt werden könnte, hätte ich die Geschichten so, wie sie waren, kopiert. So jedoch besänftigte ich mein pädagogisches (?) Gewissen dadurch, daß ich eine rechtschriftlich veränderte Fassung dem Erzähler zum Abschreiben zurückgab und erst diese Reinschrift mit der obligatorischen Zeichnung versah und dann vervielfältigte. Diese doppelte Schreibarbeit dämpfte natürlich auch den Eifer etwas. Allerdings ist die Motivation durch Erwartung eines neuen vervielfältigten Werkes bisher noch größer als der Dämpfer.
Am Schluß des Schuljahres habe ich die Geschichten zu einem Buch gebunden.
Bei aller Hochachtung vor den sehr schönen Lesebüchern, die ich oft und gern einsetze: Es gibt kein schöneres Buch für mich, als das mit den kleinen Kindergeschichten.

Siegfried Kruse

Monats-Zeitungen

Als ich das erstemal ein erstes Schuljahr übernahm, fingen wir schon sehr früh an, die Texte der Kinder zu Zeitungen zusammenzustellen. Frisch vom Studium in Aachen (Boettcher/Thymister — Kommunikationstheorie) wollte ich zusammen mit den Kindern „Texte für Leser" herstellen.

Aber wie macht man so etwas mit Kindern, die kaum schreiben können? Zuerst habe ich damals einen Kummerbriefkasten in die Klasse gehängt, in den die Kinder ihre kleinen Briefchen an mich werfen konnten. Da stand dann z. B.: Lieber Herr Wakna, der Michael ist doof! Oder: Die Julia spukt imer in der pause! Jeden Brief habe ich schriftlich beantwortet. Aber das war mir doch zuwenig! Zudem: Wie sollten diese kleinen Texte den anderen Kindern zugänglich gemacht werden? Das war wohl nur über eine kleine Wandzeitung möglich.

Eine Gelegenheit zur umfangreicheren Textproduktion ergab sich, als die Kinder im Morgenkreis April-Geschichten erzählten.

Ich bat sie, diese aufzuschreiben oder über das Mikrophon auf

Kassette zu sprechen. Diese Texte habe ich entweder verbessert oder erst einmal aufgeschrieben. Die Kinder haben dann diese Texte auf Matrize geschrieben und dazu gezeichnet. Die verschiedenen Seiten habe ich später vervielfältigt. Ich selber habe eine Titelseite dazu gemacht. Und so ist unsere erste Monatszeitung nach etwa einem halben Jahr Schule entstanden. Den Kindern hat diese Arbeit viel Spaß gemacht. Sie waren immer froh, unter ihrem Text ihren Namen zu finden. Auch in den Monaten danach wollten sie solch eine Monatszeitung mit kleinen Geschichten schreiben. Andere Texte aus dem Geschehen der Klasse, der Schule, der Familie kamen dazu. *Rolf Wagner*

Jetzt gehen wir zur Schule

Unser „Erinnerungsbuch“ sollte chronologisch alle wichtigen (den Kindern wichtigen) Ereignisse dieses ersten Schuljahres festhalten, in Bild oder Schrift. Dies hieß, unter Arbeiten auswählen, die zum jeweiligen Zeitpunkt entstanden waren, unter Berücksichtigung aller Kinder. So sind die Beiträge sehr unterschiedlich in Qualität und Ausführung — ganz nach Vermögen.

Da ist zum Beispiel Jens. Von ihm haben wir nur die Unterschrift auf dem Namenblatt. Das gestalteten wir im Januar, bei der Einführung des V („Viele Namen — unsere Vornamen“). Jens fehlte monatelang wegen Krankheit.

Cengiz. Ihm bereitet nur Spaß, daß er größer und stärker ist, was er — traurigerweise bis zum Jahresende — ständig unter Beweis stellen mußte. Malen und Schreiben mag er nicht, er stempelt lieber. Seinen Beitrag leistete er mit gestempelten Überschriften.

Rihan. Ein sich selbst überlassenes kleines Mädchen, das mit schwierigsten Startbedingungen zu kämpfen hat. Die von der

Familie gesprochene armenische Mundart ist vom Türkisch des muttersprachlichen Unterrichts wohl noch weiter entfernt als der durch Nachbarn angeeignete breite Odenwälder Dialekt vom Hochdeutsch unserer Bücher. („Isch weeß, wie mrr Mennele moolt.“) Sie fertigte Illustrationen und ‚konkret-poetische‘ Stempelbilder an.
Silke. Sie würde am liebsten immer nur spielen. Aber Abschreiben und Malen akzeptiert sie, sofern man ihr sehr viel Zeit läßt. Sie hat die Schneeglöckchen-Geschichte, eine Gemeinschaftsarbeit, in ihrer schönsten Schrift abgeschrieben und dazu gemalt.
Als über die zu berücksichtigenden Ereignisse abgestimmt war, die Arbeiten sondiert, ausgesucht und zusammengestellt waren, gab Matthias zu bedenken, daß etwas fehle. Wir hätten vergessen, über die Schule zu schreiben — wie's uns gefiele, zum Beispiel, und den Geburtstagskalender sollten wir doch auch noch einfügen. Seine Anregung veranlaßte uns zu den aufschlußreichen Umfragen.
Die Tonbandprotokolle wurden von mir aufgelistet und den Kindern zur Abstimmung bzw. Auszählung überlassen. An der Illustration dieser Blätter war vielen gelegen. Wir einigten uns darauf, daß diese Arbeit von Kindern übernommen werden sollte, die nicht mit Badegeschichten beschäftigt waren.
Im Verlauf des Schuljahres habe ich oft in der Klasse fotografiert. Die Bilder gab ich mit kleinen Aufträgen in verschiedene Gruppen; z. B.: Ordnet die Bilder und klebt sie auf ! Erzählt zu jedem Bild etwas ! Solange zum Aufschreiben noch die Voraussetzungen fehlten, wurde auf Band erzählt. Ich schrieb die gesprochenen Sätze auf Kärtchen, las diese vor — oder ließ sie vorlesen, den Bildern zuordnen, aufkleben.
Diese hausgemachten Bildergeschichten wurden an die Pinnwand gehängt, vorgelesen und erklärt, erlesen oder auch nur betrachtet.
Arbeiten dieser Art besaßen große Anziehungskraft. Die damit beschäftigten Gruppen arbeiteten intensiv und länger konzen-

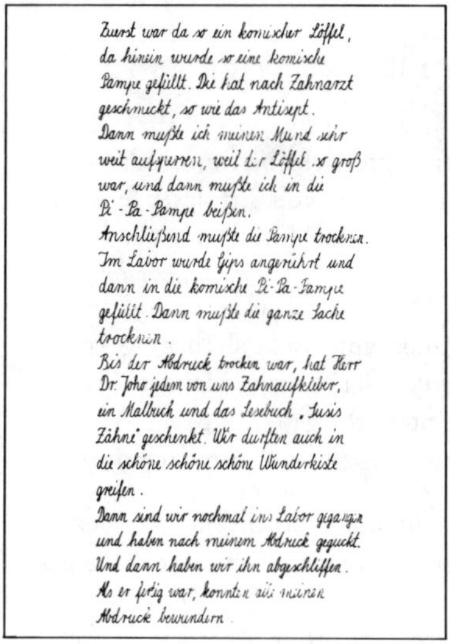
Zuerst war da so ein komischer Löffel,
da hinein wurde so eine komische
Pampe gefüllt. Die hat nach Zahnarzt
geschmeckt, so wie das Antisept.
Dann mußte ich meinen Mund sehr
weit aufsperren, weil der Löffel so groß
war, und dann mußte ich in die
Pi-Pa-Pampe beißen.
Anschließend mußte die Pampe trocknen.
Im Labor wurde Gips angerührt und
dann in die komische Pi-Pa-Pampe
gefüllt. Dann mußte die ganze Sache
trocknen.
Bis der Abdruck trocken war, hat Herr
Dr. Joho jedem von uns Zahnaufkleber,
ein Malbuch und das Lesebuch „Susis
Zähne" geschenkt. Wir durften auch in
die schöne schöne schöne Wunderkiste
greifen.
Dann sind wir nochmal ins Labor gegangen
und haben nach meinem Abdruck geguckt.
Und dann haben wir ihn abgeschliffen.
Als er fertig war, konnten wir meinen
Abdruck bewundern.

triert als üblich. Die Ergebnisse genossen stets großes Interesse und boten vielfältige Übungsmöglichkeiten, die sich als langfristige Lesehilfen erwiesen.

Als feststand, daß wir ein Jahrbuch machen wollten, wurden die entsprechenden Fotos für diese Arbeit ausgewählt. „Am besten nehmen wir alle Bilder, dann müssen wir uns nicht mit dem Aussuchen plagen", meinte Karen, sah aber ein, daß ihr Vorschlag nicht realisierbar war.

Der Zahnarztbesuch fand im Februar statt. Der Bericht darüber war die erste große Arbeit dieser Art, die Stunden in Anspruch nahm. Der Text wurde, nachdem sich die intensive Breite auch für die fortgeschrittensten Schüler zum Schreiben als zu mühsam erwies, auf Band gesprochen. Meine getippte Abschrift wurde Wort für Wort von der Gruppe kontrolliert, weil Andreas meinte, das könne doch nicht alles sein. Zum Glück hatte ich nicht zensiert, sondern wörtlich übernommen.

36 begleitende Fotos wurden ebenfalls mit Text versehen.

Die flinke Julia schrieb unverdrossen die Geschichte ihres Abdrucks – erst im Konzept, dann den berichtigten Text in Schönschrift. Heute kann sie nicht mehr verstehen, daß sie damals „so lahm" war und mindestens an drei Tagen mit dieser Arbeit beschäftigt war. Wahrscheinlich unnötig hinzuzufügen, daß Tanja, Björn und Markus zum Stempeln und Beschriften der Bilder mehr Zeit in Anspruch nahmen.

Herta Werner

Zum Beispiel Baden-Württemberg

Es sind „folgende Prinzipien für den Unterricht bestimmend: — die Förderung der Lernfreude, die Vermittlung von Erfolgszuversicht, die Anregung zum selbständigen Arbeiten, die Hinführung zur Übernahme von Verantwortung..." *(Schulartpapier, 1)*

„Die pädagogische Arbeit der Grundschule ist außerdem gekennzeichnet durch ... Berücksichtigung der fächerübergreifenden Aspekte bei der Unterrichtsplanung und Unterrichtsgestaltung..." *(Schulartpapier, 2)*

„Fächerübergreifendes Unterrichten ist unter Beachtung sachspezifischer Arbeitsweisen und inhaltlicher Aufbaufolgen durchgängiges Prinzip." *(Schulartpapier: Grundlegung schulischen Lernens im Anfangsunterricht)*

„Die Konzentration auf ein Thema ist ein bedeutendes pädagogisches Element." *(Schulartpapier: Schule als Lebensraum)*

„Durch motivierende Textangebote und Arbeitsformen soll der Schüler Freude am Lesen gewinnen." *(Deutsch, Klasse 1, Arbeitsbereich 2)*

„Durch Einüben entsprechender Arbeitstechniken und in Verbindung mit geeigneten Aufgabenstellungen auch aus anderen Arbeitsbereichen und anderen Fächern wird die Freude an der Gestaltung schriftlicher Arbeiten gefördert." *(Deutsch, Klasse 2, Arbeitsbereich 1: Schreiben)*

„Die Ausstellung von Schülerarbeiten fördert die Freude am schriftlichen Gestalten." *(Deutsch, Klasse 3, Arbeitsbereich 1: Schreiben)*

„Erlebnis- und Erfahrungsbereich der Schüler berücksichtigen, gegebenenfalls ein Geschichtenheft als Einzel- oder Gemeinschaftsarbeit anlegen." *(Deutsch, Klasse 3, Texte verfassen)*

„Mit und ohne Rahmenthema: Klassenzeitung." *(Deutsch, Klasse 4, Texte verfassen)*

„In unserer Klasse entsteht eine Zeitung." *(Heimat- und Sachunterricht, Klasse 4, Arbeitsbereich 2)*

Zweites Kapitel
Klasse 2

Krumme Katzen

Nach zwei Jahren Arbeit mit einer Freinet-Klapppresse war Drucken mit Bleilettern inzwischen selbstverständlicher Bestandteil des Schullebens geworden. Die Druckerei befindet sich in einem gesonderten Raum. Im Verlauf mehrerer Arbeitsgemeinschaften hatten Schülerinnen und Schüler der Klassen zwei, drei und vier das Setzen und Drucken erlernt. Sie waren die ‚Gesellen', die die Neuanfänger bereits unterweisen konnten.

Doch Drucken verliert dann schnell an Reiz, wenn es nur um die Anwendung der Technik geht. Schüler wollen ein Ziel, auf das sie hinarbeiten können. Eigene Texte mußten also her. Kurz sollten sie sein, das forderte schon die etwas größere, fettere Schrift, für die man sich entschieden hatte. Mit ihr gedruckt, paßt nur wenig Text auf ein DIN A 5-Blatt. ‚Gedichte' sollten es wieder sein, denn so ganz ließ sich der Gedanke an eine Fortsetzung eines früheren Gedichtbandes, die ‚Fliegenden Fische' (sh. S. 136), nicht verdrängen. Schließlich kam man zu Stabreimen; ein Thema sollte jedoch nicht vorgegeben werden. Alle Klassen, auch die Erstkläßler, wurden aufgefordert, der Druckarbeitsgemeinschaft Texte zu liefern. Tagelang wurde Sprache geknetet, manchmal auch geknechtet. „Papa plappert Papperlapapp" galt bald für viele Schulkinder.

Zahlreiche Reime erreichten die Drucker. Obwohl bei den bis-

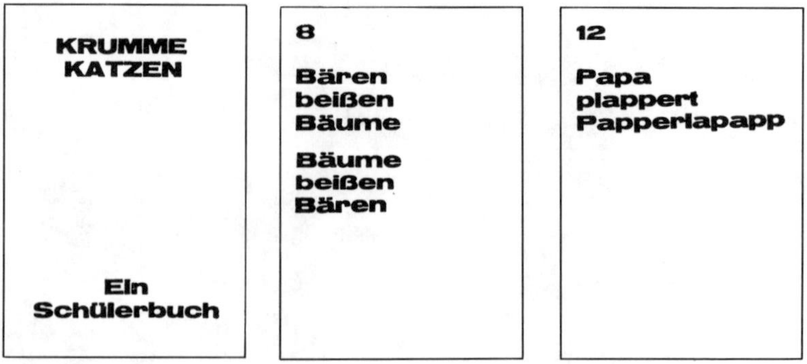
KRUMME
KATZEN

Ein
Schülerbuch

8

Bären
beißen
Bäume

Bäume
beißen
Bären

12

Papa
plappert
Papperlapapp

herigen Büchern Prinzip gewesen war, all das zu setzen und zu drucken, was eingereicht wurde und was in Wortwahl und Sinnhaftigkeit verständlich war, so mußte diesmal wegen der Fülle der Texte eine Auswahl getroffen werden. Die Produktion des Buches sollte hinsichtlich des Zeitbedarfs und der Stoffülle für die Schüler eine überschaubare Aufgabe bleiben. Kriterien für die Auswahl waren die Originalität, die Skurrilität, der Witz, ein wenig aber auch die Möglichkeit, den Reim illustrieren zu können.

Die Illustrationen — in Linoleum geschnitten und durch Buchstaben ergänzt — wirken eigentlich zu perfekt, nicht so, als wären sie von Grundschülern. Buchstaben als Bildelemente zu verwenden, ist nicht unbedingt im Ideenbereich der Kinder dieser Altersstufe. Gleiches gilt für die Reduzierung der übrigen Bildelemente auf einfache geometrische Formen. Es ist jedoch durchaus legitim, als Lehrer Vorgaben für die Erarbeitung bildnerischer Aufgaben zu geben. Impulse zu geben, ist Schulalltag.

Das Drucken eines etwa 50 Seiten umfassenden Buches in einer Auflage von etwa 150 Exemplaren war eine Aufgabe, die von allen Beteiligten eine Menge Durchhaltevermögen verlangte. Das galt für die Schulkinder, das galt aber auch gleichermaßen für den Lehrer, der immer wieder zum Weitermachen ermuntern mußte. Manchmal ging es nur noch weiter, indem man einfach die Arbeit am Buch zwei, drei Wochen ruhen ließ. Ins-

27

Fu
fliegt
fröhlich
fort

26

Manche
Mäuse
machen
Mist

36

Dackel
dürfen
dösig
dackeln

gesamt druckte die Arbeitsgemeinschaft mit wechselnden Besetzungen ein halbes Jahr an diesem Buch.

„Krumme Katzen“ war das zehnte Schülerbuch innerhalb von drei Jahren; ein bißchen Jubiläum, ein wenig jedoch auch Anlaß zum Rückblick. Hatte die Kontinuität überhaupt irgend etwas bewirkt? Deutlich sichtbar verändert hatte sich die Gestaltung der Bücher. Typografie und Illustrationen, Layout und Einbandgestaltung waren in ihrer ästhetischen Qualität zunehmend perfekter geworden, Lehrervorgaben hatten die Kinder aufgegriffen und für sich verfügbar gehalten, sie waren insgesamt anspruchsvoller geworden. Ein Schülerbuch war für sie nicht mehr nur eine Sammlung zusammengehefteter Blätter. Schreiben für eine Leserschaft hatte zudem — mehr als herkömmliche Aufsatzerziehung — den Kindern die Erfahrung vermittelt, daß sie über ein Medium verfügen, mit dem sie sich mitteilen können. Für den Lehrer steht am Ende die spekulative Hoffnung, daß diese Kinder über das Produzieren von Büchern vielleicht leichter zum Leben mit Büchern kommen werden.

Hartmut Kulick

Das Schloßgespenst

Beim Stöbern in der Buchhandlung fiel mir „Das Schloßgespenst“ von Mira Lobe in die Hände (Arena-Erstlesebuch, Band 2005, DM 5,90). Ich war sofort begeistert vom Inhalt und von den hübschen, sehr ansprechenden Illustrationen. Auch die Textaufteilung ist sehr kindgemäß: Wenige Worte pro Zeile, große Schrift und großer Zeilenabstand.

Auf dem Elternabend stellte ich die Lektüre vor und konnte auch die Eltern für dieses Buch begeistern. So war es möglich, für jeden Schüler ein Exemplar zu besorgen. Die Wahl war goldrichtig. Das Buch kam sehr gut an. Etwa zwei Wochen beschäftigten wir uns mit dem Schloßgespenst „Zipfelchen" und lebten so richtig mit. Das Lesen bereitete ungeheuren Spaß. Man spürte die Freude der Kinder und auch deren Erwartungshaltung: Was passiert als nächstes? Zipfelchens Erlebnisse regten die Phantasie und die Kreativität der Kinder an. Spontan entstanden neue Abenteuer. Die Kinder zeichneten viele Bildergeschichten. Ganze Fortsetzungen zum Buch entstanden so. Ich sammelte die Bildergeschichten und heftete sie für die Leseecke ab. Lange Zeit waren die neuen Abenteuer von Zipfelchen und seinen Freunden sehr begehrt. Immer wieder verglichen die Kinder ihre gemalten Geschichten mit dem Buch. Zipfelchen tauchte in vielen Heften auf, Karten wurden damit ausgeschmückt — Zipfelchen war der erklärte Liebling der Klasse. Einige Bildergeschichten suchten wir heraus und schickten sie der Autorin mit vielen lieben Grüßen und genauen Erklärungen der Kinder zu den einzelnen Abenteuern. Die Spannung war groß: Erhalten wir eine Antwort? Und ob! Die Antwort kam genau zum richtigen Zeitpunkt! Zu Beginn des dritten Schuljahres kam ein langer Brief. Frau Lobe bedankte sich sehr herzlich für die liebe Post. Sie schrieb für die Klasse eine kleine „Gespenster-Schule-Geschichte". Das war natürlich eine gelungene Überraschung. Eine eigene Geschichte nur für die Klasse! Das hatte zur Folge, daß Zipfelchen noch recht lange im Klassenzimmer herumspukte. *Helga Gagelmann*

Tagebuch unseres Klassenraumes

Pädagogische Aktivitäten wie z. B. das Durchführen von Projekten (Gestaltung des Klassenraumes, eines Elternabends, Herstellen eines Buches etc.) können nur dann Erfolg haben, wenn durch eine Initialzündung, ein Schlüsselerlebnis, das Interesse der Kinder geweckt wird, d. h. wenn ein echtes Bedürfnis der Kinder an diesem Projekt besteht. Man sollte also kein Buch schreiben, nur weil Lehrer kleiner und größerer Weihen es so wollen.

Man kann keine Blätter an den Baum kleben, sie müssen wachsen (die Sache mit dem sachstrukturellen Entwicklungsstand, dem Moment der „Passung“ usw., Heckhausen). Das Verfassen eines Buches muß immer auch einen realistischen Bezug haben. Es muß nachvollziehbar sein und darf nicht ein kulinarischer Leckerbissen im täglichen pädagogischen Eintopf sein.

Die Wurzeln für unser Buch umgaben uns gewissermaßen greifbar von allen Seiten, sie lagen in der Beteiligung der Kinder an der Umgestaltung des Klassenraumes, aktiv und gefühlsmäßig.

Bei der Übernahme des neuen Klassenraumes im zweiten Schuljahr beschlossen wir, mit Hilfe der Eltern Veränderungen vorzunehmen, d. h. den Klassenraum wohnlicher und funktionstüchtiger zu machen. In den darauffolgenden Wochen geschah nahezu täglich etwas, veränderte sich etwas — und wenn es nur die plötzlich geflieste Spülsteinecke, ein heruntergefallenes Bild oder ein verzweifelter Blick des Hausmeisters waren.

All das forderte zum Sprechen auf und mußte einfach festgehalten werden. (Wes das Herz voll ist, . . .). Deshalb fertigten wir Tagesprotokolle an, mal didaktisch-methodisch geplant, mal einfach so ganz nebenbei.

Ein besonders starker Beweggrund zum Festhalten durch Schreiben ging von unserer Korrespondenzklasse aus, die wir an allen Ereignissen aus unserer privaten und Schulwelt teilhaben lassen möchten.

24. September 1984

So, das ist uns're Klasse. So sieht sie jetzt aus.
Uns gefällt sie besser als jedes Zuhaus.
Dabei haben wir längst noch nicht alles erzählt
von dem, was uns Spaß macht und was uns gefällt.
Wir hätten ganz sicher noch viele Geschichten
und lustige Sachen für euch zu berichten;
denn so'n richtiger Umbau - wem sagen wir das -
der macht nicht nur Arbeit, der macht auch viel Spaß!

Klasse 2c

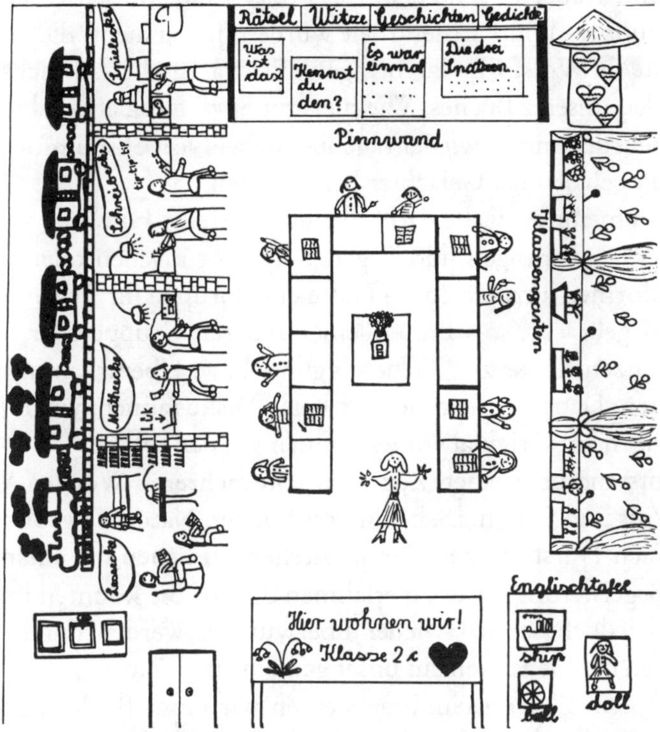

So beschlossen wir, die Veränderungen in unserem Klassenzimmer nicht in vielen kleinen Briefen mitzuteilen, sondern sie später in einem Gesamtwerk, sprich „Buch", vorzustellen.
Kinder sind eigentlich immer dann gerne zur Arbeit bereit, wenn am Ende ihrer Tätigkeit etwas Sichtbares und Greifbares dabei herauskommt, und wenn sie das auch anderen vorzeigen können. (Das gilt übrigens nicht nur für Kinder!)
Nach Abschluß der Klassenraumgestaltung trafen wir uns zu-

nächst nachmittags, um in aller Ruhe unsere Tagesprotokolle zusammenzutragen und zu überarbeiten. Aus dem gern Geschriebenen sollte nun etwas werden, das man auch gerne liest. Da wir miteinander schon so manchen Vers erfolgreich zusammen geschmiedet hatten, entschieden wir uns für die gereimte Form. Reimen macht Kindern Spaß, und außerdem lesen sie Gereimtes überwiegend lieber als Prosa — eine Binsenweisheit. In Gruppen- und Partnerarbeit wurde nun versucht, die Stichpunkte in Versform zu bringen. Es waren die fröhlichsten Stunden unseres Buches. Wie hier mit Sprache agiert und jongliert wurde! Immer wieder tauchten dabei Nonsensreimformen auf, die schallendes Gelächter hervorriefen.

Ich sah meine Aufgabe darin, behutsam kleine Hinweise zu geben, Veränderungen und Ergänzungen zu machen oder auch Reimformen anzubieten. — Hatte eine Gruppe ihr Erlebnis zu Papier gebracht, so wurde es einer anderen Gruppe oder auch der ganzen Klasse zur ‚Genehmigung' bzw. Überarbeitung angeboten. Dabei ergaben sich oft heiße Diskussionen, wenn Änderungen am Original vorgenommen werden sollten.

So entstand über einen Zeitraum von mehreren Wochen Vers für Vers und Seite für Seite unseres Buches. Natürlich gab es dabei auch Durststrecken durchzustehen, in denen die anfängliche Begeisterung etwas zu erlahmen drohte. Sie konnten in der Regel jedoch schnell wieder überwunden werden durch das Lenken der Gedanken auf unser gemeinsames Ziel.

Auf einem Elternnachmittag stellten wir unser Buch in Form einer ‚Dichterlesung' stolz unseren Eltern vor. Ein weiterer Nachmittag mit unseren Brieffreunden folgt.

Der nicht unerhebliche Zeitaufwand, der nicht immer im regulären Unterricht verkraftet werden konnte, war die Sache wert, wenn man den Gewinn — besonders in sprachlicher und sozialer Hinsicht — berücksichtigt. Hier ist eine der letzten Seiten unseres Buches abgedruckt. *Renate Stiller*

Fotobuch über die Liebknechtstraße

Als ich vor fast zwei Jahren nach Oberhausen kam und dort Klassenlehrer eines zweiten Schuljahres der GS Liebknechtstraße wurde, wollte ich gerne von den Kindern etwas über ihre Stadt erfahren.
Fast zwei Wochen lang sind wir täglich durch den Wohnbezirk spaziert. Die Kinder haben mir ihre Wohnhäuser, die Geschäfte und die Spielplätze gezeigt. Und so liefen wir, ausgerüstet mit Blättern, Bleistiften, vorbereiteten Fragen (die wir an der Tafel erarbeitet hatten), einem Fotoapparat, einem Zollstock und natürlich den Frühstücksbroten, in Begleitung von zwei Müttern durch die Liebknechtstraße.
„Schreibt auf, was euch interessiert!" hatte ich den Kindern mit auf den Weg gegeben. Und was es nicht alles zu entdecken gab in der Straße, durch die die Kinder schon ein Jahr fast täglich zur Schule gegangen waren!
Es fing an bei den Kneipen mit den komischen Namen: Z-u-m-B-i-l-l-, B-o-r-g-e-s. Ganz schön schwer zu erlesen für Kinder am Anfang des 2. Schuljahres. Und erst der türkische Lebensmittelladen, über dem Gülhan aus unserer Klasse mit ihrer Familie wohnte!
In einem Hinterhof fanden wir eine Firma, die neue Erfindungen aufkauft und dann weitervertreibt. In einem anderen, in einem uralten Haus, lebte eine türkische Familie, deren Kinder wir fast alle aus der Schule kannten.
Und was auf der Litfaßsäule alles geschrieben war!
Und erst die Leute aus der Straße!
„Was macht ihr denn da?"
„Habt ihr heute keine Schule?"
„Ist das euer neuer Lehrer?"
Aufforderung an die Kinder: „Kriegt mal raus, weshalb die Liebknechtstraße so heißt!"
Am nächsten Morgen große Aufregung: „Meine Eltern haben das nicht gewußt!"

In Hausnr. 94 sind zwei Firmen, eine Schreinerei und eine, die baut Schwimmbäder

Die Wirtschaft heißt Kerzmann

Nur Jörg zieht stolz ein Blatt aus der Tasche: „Mein Opa hat gesagt, er weiß nicht genau, ob es Wilhelm oder Karl Liebknecht ist. Er hat mit mir zusammen einen Text aufgeschrieben!" Danach: Aufschreiben der Firmenschilder mit Hausnummer (Arbeitsblatt). Welche Autos aus welchen Städten parken in der Liebknechtstraße?

Aufarbeitung der Arbeitsergebnisse in der Klasse:

Sehr viel Freude zeigten die Kinder beim Erzählen über die Fragen in den Geschäften. Das mit den Hausnummern war für einige Kinder doch zu schwer! Aber die vielen Peugeots, Renaults, VW's, die in unserer Schulstraße parkten! Auf eine Karte der Bundesrepublik haben wir Nadeln gepickt, die markierten, aus welchen Städten die Autos zu uns nach Oberhausen kamen. Das Ganze haben wir noch mit Fäden verbunden, und so wurde Oberhausen ganz wichtig als Zentrum all der vielen Fäden.

Jedes Kind sollte sich mindestens ein Foto aussuchen und einen Text als Bildunterschrift schreiben. Einige Kinder konnten das gleich. Sie nahmen sich ihr Schreibheft oder ein Blatt Papier und schrieben auf, was sie auf dem Foto wiederentdeckten. Den meisten Kindern aber war das zu schwer. Ihnen bot ich an, den Text über Mikrofon auf Kassette zu sprechen. Das geschah dann auch, und ich habe später die Kassette abgehört und den Text aufgeschrieben.

Jedes Kind durfte das Buch mit nach Hause nehmen, um es den Eltern und Geschwistern zu zeigen.

Heute ist es für die Kinder fast selbstverständlich geworden, daß am Ende eines Projektes ein Buch als eine Form der Ergebnisdarstellung stehen kann. *Rolf Wagner*

Unser Weinbuch

Für mich als ‚Zugezogene' in Baden-Württemberg enthielt der Lehrplan zum Sachunterricht viele neue Aspekte, die ich gern im Unterricht berücksichtigen wollte: „Wichtige Nutzpflanzen und ihre Bedeutung kennenlernen, z. B. Weinreben". *

Ich könnte mir vorstellen, daß man einen Weinstock über einen längeren Zeitraum beobachtet. Die Kollegen raten ab: Wein — das sei für Zweitkläßler zu schwierig. . .

---

* Zu dem Zeitpunkt galt noch der Lehrplan von 1977. Nach dem revidierten Lehrplan ist eine entsprechende Unterrichtseinheit für das 3. Schuljahr vorgesehen.

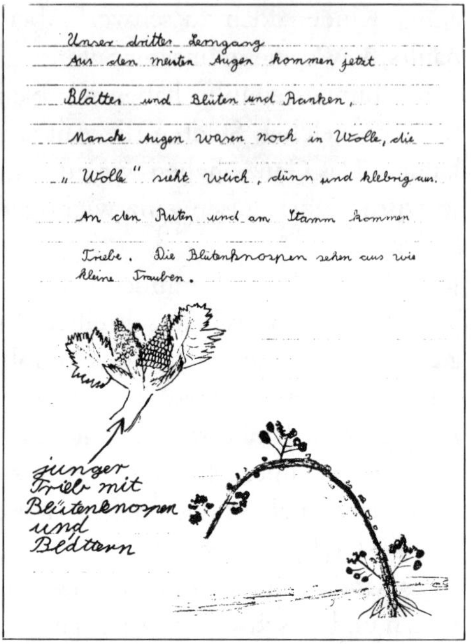

Mitte Februar: Ein Tag, an dem man den Frühling spürt. Wir machen einen Familienspaziergang durch die nicht rebflurbereinigten „Wengert" am Kleinheppacher Kopf. In jedem Wengert sind Leute beschäftigt, die die Pflanzen zurückschneiden. „Warum machen die das?" fragen unsere Kinder. Als Weinbauunkundige können wir die Frage ohne Vorinformation nur vage beantworten.

Aber: Nur wenn man seine Umgebung kennt, die prägenden Zusammenhänge begreift und bereit ist, sie sich zu erarbeiten, kann man sich zu Hause fühlen. Vielleicht kann ich zusammen mit meinen Schulkindern lernen. . .

In einer verstaubten Ecke der Lehrerbücherei finde ich Fachliteratur zum Weinbau. Sie verschafft mir etwas Informationsvorsprung. Damit glaube ich den ersten Unterrichtsgang zu einem Wengert wagen zu können.

Ich fühle mich sehr unsicher nach diesem Unterrichtsgang, und mit dem Ergebnis bin ich unzufrieden. Die Langzeitbeobach-

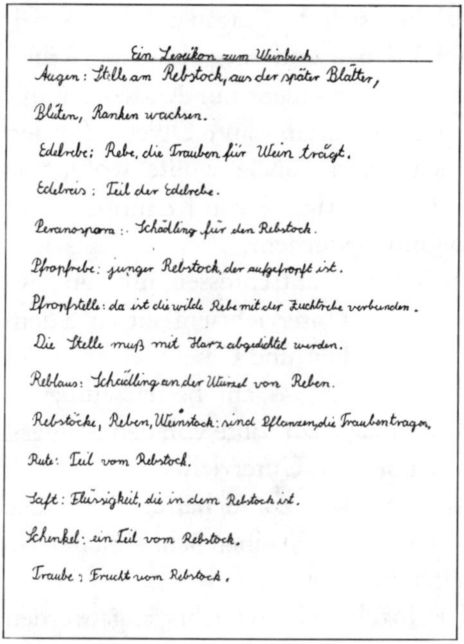

Ein Lexikon zum Weinbuch

Augen: Stelle am Rebstock, aus der später Blätter, Blüten, Ranken wachsen.

Edelrebe: Rebe, die Trauben für Wein trägt.

Edelreis: Teil der Edelrebe.

Peranospora: Schädling für den Rebstock.

Pfropfrebe: junger Rebstock, der aufgepfropft ist.

Pfropfstelle: da ist die wilde Rebe mit der Zuchtrebe verbunden. Die Stelle muß mit Harz abgedichtet werden.

Reblaus: Schädling an der Wurzel von Reben.

Rebstöcke, Reben, Weinstock: sind Pflanzen, die Trauben tragen.

Rute: Teil vom Rebstock.

Saft: Flüssigkeit, die in dem Rebstock ist.

Schenkel: ein Teil vom Rebstock.

Traube: Frucht vom Rebstock.

tung einer Nutzpflanze muß anders organisiert werden. Mein trockenes Buchwissen paßt nicht zu einem lebenden Unterrichtsgegenstand, und die Kinder müssen anders motiviert und informiert werden.
Viele Klasseneltern sind nebenbei Wengerter, für Dorotheas Vater ist es Hauptberuf.
Zunächst setze ich mich telefonisch mit ihm in Verbindung. Nach einem Elternabend besprechen wir ausführlich das Projekt: Der Rebstock im Jahreslauf. Herr Eißele ist skeptisch, ob die Kinder sich über so einen langen Zeitraum für eine Sache interessieren. Aber ich will ja nur die ‚markanten Ereignisse' herausarbeiten. Andere Unterrichtsthemen werden außerdem fortgeführt. Nun, man kann's ja mal versuchen. . .
Wir verabreden einen Termin für einen Unterrichtsgang.
Das vorbereitende Kreisgespräch beginnt mit einer Stoffsammlung. Ich notiere alles, was die Kinder zum Thema Wein äußern.

Jahreszeitlich bedingt, beziehen sich die Fragen auf den aktuellen Entwicklungsstand der Pflanze und entsprechende Arbeiten. Wir bringen von unserem Gang nicht nur Antworten mit in die Schule, sondern haben auch interessante Objekte für den Ausstellungstisch gesammelt. Herr Eißele wußte wohl, wie wichtig konkretes Material zur Festigung von Kenntnissen ist, die durch Anschauung gewonnen wurden.
Zu diesem Zeitpunkt hatte ich mich entschlossen, mit den Kindern Inhalt und Ergebnisse der Unterrichtseinheit in einem Buch zusammenzufassen. Die Einheit und Geschlossenheit des Unterrichtsgegenstandes würde sich so am besten aufbauen und wahren lassen. Der Vorschlag dazu sollte von den Kindern kommen. Ihre Begeisterung über den Unterrichtsgang ließ sich dann im nachbereitenden Gespräch zur Schaffung der Idee ‚Weinbuch' nutzen. Jedes Kind legt sich einen Schnellhefter zu, in dem es die Weinbuchseiten sammelt.
Fragen und Antworten der einzelnen Unterrichtsgänge werden zu einem Text verbunden, den ich mir mal diktieren lasse oder den wir ein anderes Mal als Tafeltext formulieren. Bei der Reinschrift wechseln sich die Kinder ab. So wird aus der Buchherstellung keine ermüdende, gleichförmige Schreibarbeit. Die Gruppe, die gerade keine Texte schreibt, fertigt Illustrationen an.
Die Auswahl der Zeichnungen und das Kopieren der Seiten übernehme ich.
Es macht den Kindern Spaß, immer mehr Seiten des Buches zählen zu können, eigene Zeichnungen und selbstgeschriebene Texte wiederzufinden.
Die Idee zur Gestaltung des Titelblattes bringt Björn ein. Fünf Kinder sind daran beteiligt. Gemeinsam erarbeiten wir das Vorwort. Die Kinder suchen und finden immer neue hochgestochene schriftsprachliche Formulierungen, um ihr Werk vorzustellen.
Die Begriffe für ein ‚Lexikon' sammeln wir zunächst. Ihre Deutung ist eine sinnvolle Wiederholung, die einen Einblick gibt,

wie gut sich die Kinder inzwischen mit dem Rebstock auskennen.
Das Schuljahresende bringt einen tiefen Einschnitt für das Projekt: Ich muß die Klasse turnusmäßig nach dem 2. Schuljahr abgeben und unterrichte auch nicht mehr an der Außenstelle in Kleinheppach. So müssen an zusätzlichen Nachmittagen die letzten Beiträge vorbereitet und geschrieben werden. Obwohl jetzt, im September, die Hochsaison für Herrn Eißele beginnt, läßt er uns nicht im Stich: Wir dürfen sogar reife Trauben probieren und Geschmacksrichtungen vergleichen. Und nach der Besichtigung der Kelter trinken wir alle vom neuen, noch nicht alkoholischen Wein.
Wie schade, daß der Höhepunkt unserer Arbeit dann noch ins Wasser fallen muß: Ausgerechnet, als die Weinlese ansteht, regnet es jeden Tag.
So schließt unser Buch anstatt mit einem fröhlichen Erlebnisbericht mit einem Klassenaufsatz zum Thema Weinlese.
Und was hat das Buch gebracht? Außer den 50 DM, welche die Klasse für die Einsendung bei einem Wettbewerb gewann, war für die Kinder auch die Erfahrung wichtig, gemeinsam mit der Lehrerin zu lernen. Sie sind zudem aufmerksam geworden auf ihre Umgebung, haben gelernt, Vorgänge zu beobachten und zu deuten.
Herr Eißele erzählte mir, immer wieder besuchten ihn Kinder aus der Klasse 2c bei seiner Arbeit im Wengert: Sie wollten ihr Wissen vertiefen und ergänzen, und sie wollten und durften es unter Anleitung dieses ‚Fachlehrers' schließlich auch aktiv anwenden.
Brauchen wir eigentlich Tests, um Lernfortschritte festzustellen und erreichte Lernziele zu überprüfen? *Ingrid Schweitzer*

Das Marmeladenbuch

„Herzlich willkommen zu unserem Marmeladenfest!
Die Klasse 2c lädt euch zum köstlichen Schmaus ein mit unseren selbstgemachten Marmeladen. Doch vorher hört, welche Sorten es gibt und wie wir sie gekocht haben. Die Rezepte haben wir für euch in dieses Buch geschrieben." Dennis hält ein buntes ‚Buch' hoch und fährt fort: „Darin stehen auch ein paar Geschichten, die wir dabei erlebt haben. Und eine Überraschung, die wir uns für euch ausgedacht haben."
Zuerst liest Sandra das Kirschmarmeladenrezept vor. Mit den Sauerkirschen begann nämlich unsere Marmeladenreihe. In den folgenden Wochen füllten sich die Gläser nach und nach mit der jeweiligen Obsternte unserer Gärten, zum Schluß mit Brombeeren, die wir gemeinsam sammelten.
Die Kinder wechseln sich im Vorlesen ab. Jedes erhält Applaus. Der Klassenraum ist gerammelt voll: Klasse 2c, 3c und der Schulkindergarten sitzen an buntgeschmückten Tischen. Der Duft der frischen Brötchen, die geöffneten Marmeladengläser locken, aber die ganze Bande faßt sich in Geduld und lauscht den Vorträgen vorn. Nach den Rezepten ist Thomas an der Reihe mit seiner Geschichte. Er und ein paar andere Kinder haben eigene Erlebnisse für das Buch aufgeschrieben. Ganz aufgeregt ist er, als er sein Werk vorliest. Es ist sein allererstes Aufsätzchen, und es steht im Buch genau so, wie er es entworfen hat. Diese kindliche Ausdrucksweise mit den phantasievollen Wortschöpfungen — herrlich anzuhören! Daran hobeln und feilen? Nein! Die Kinder können jetzt im 2. Schuljahr nun mal gerade alle Buchstaben schreiben und mit viel Anstrengung zu Wörtern zusammenfügen. Ganz stolz kommen sie mit ihren kleinen Texten an. Wenn ich ihnen nun mit Verbesserungsvorschlägen und Aufsatzregeln käme, würden sie — fürchte ich — leicht entmutigt und enttäuscht und vielleicht Widerwillen gegen das Selberschreiben entwickeln. Sie sollen zunächst einmal ganz frei schreiben, formulieren, dichten, experimentieren. Sie

Liebe Klasse 2c,

liebe Frau Herzog!

Vielen Dank für eure tolle Einladung. Wir kommen natürlich gern und freuen uns schon sehr auf das Frühstück mit euch. Wie viele Sorten Marmelade habt ihr denn eingemacht? Wir sind sehr gespannt! Damit wir auch etwas trinken können, spendieren wir Milch und Kaba. Jeder von uns bringt seine Tasse mit, bitte denkt ihr auch daran!

Bis Donnerstag!

Viele Grüße von der Klasse 3c

und von Frau Erlberg

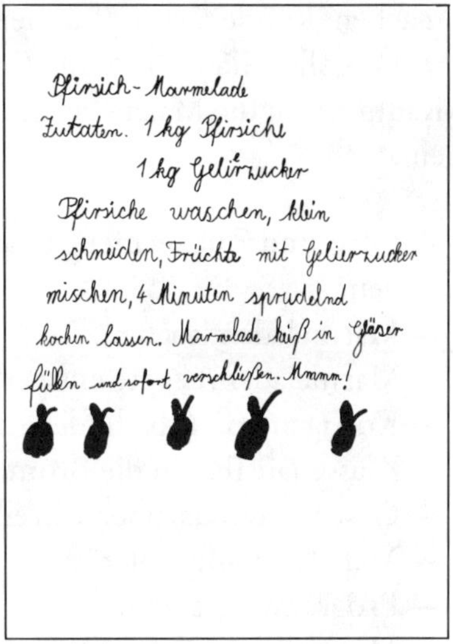
Pfirsich-Marmelade

Zutaten. 1 kg Pfirsiche

1 kg Gelierzucker

Pfirsiche waschen, klein schneiden, Früchte mit Gelierzucker mischen, 4 Minuten sprudelnd kochen lassen. Marmelade heiß in Gläser füllen und sofort verschließen. Mmmm!

sollen die Erfahrung machen, daß Schreiben Spaß bereiten kann.

Das Autorentrio Sascha, Matthias und Tanja erntet besonders kräftigen Beifall für seinen Beitrag: Es schildert ausführlich unseren Klassenausflug in die Brombeeren. Aber warum muß Boris ausgerechnet jetzt Unruhe stiften und herumblödeln? Anfangs gehörte auch er diesem Team an. Er konnte sich aber in der Gruppenarbeit mit seinen Ideen nicht durchsetzen und sonderte sich entrüstet ab. Weil er mit dem Schreiben auf Kriegsfuß stand, hätte er ohne Partner die Sache ganz aufgegeben. Um ihn zum Weitermachen zu ermuntern, unterbreitete ich ihm ein willkommenes Angebot: Er diktierte, ich schrieb. So entstand eine lebendige, lustige Geschichte. Nun hätte er sie für das Buch nur noch abzuschreiben brauchen, wozu er durchaus in der Lage war. Schade, er hat seine Geschichte nie abgegeben. Ist er jetzt neidisch oder ärgerlich auf sich selbst, weil er nicht dabei ist und teilhaben darf an der Mühe Lohn?

Ursprünglich sollten in unserem Buch nur Marmeladenrezepte gesammelt werden: ein Nachschlagewerk und Erinnerungsstück zum Thema ‚Obst aus unserem Garten — was wir damit machen können‘ im Rahmen des Sachunterrichts. Doch je mehr volle Gläser sich im Klassenregal türmten, desto mehr Raum nahm die Marmeladenidee auch im gesamten Schulleben ein:

— Obst und Zuckermengen abmessen und auf der Waage wiegen,
— Marmeladen kochen,
— Marmeladenrezepte entwerfen und aufschreiben,
— Kollagen von Obstbildern anfertigen,
— Klassenausflug in die Brombeeren veranstalten,
— Geschichten darüber schreiben,
— Marmeladenfest planen,
— Programm gestalten,
— Marmeladenspiele ausdenken und Spielbeschreibung machen,
— Einladungen schreiben,
— Ernte-Lieder und Songs vom Schmausen und Schmatzen singen —

kurz gesagt: Aus der kleinen Idee, mal Marmelade zu kochen, entwickelte sich ein umfassendes, fächerübergreifendes Riesen-Marmeladenprojekt. Das wirkte sich auch auf den Umfang des Buches aus: Die Rezeptsammlung wurde erweitert durch Geschichten, Festprogramm, Spielebeschreibung, Korrespondenz mit anderen Klassen, Liedern, Bildern; und schließlich durfte jeder kleine ‚Schriftsteller‘ seinen Namen in das Buch schreiben. Bunt wie die Marmeladen sieht auch das Marmeladenbuch aus. Die Seiten bestehen aus verschiedenfarbigem Tonpapier, DIN A 4 Querformat. Sie sind am Rand einfach zusammengeheftet. Darüber hält zusätzlich ein breites Klebeband die Blätter zusammen. Die Schüler haben ihre Beiträge auf linierte Heftseiten geschrieben. Die sind passend zugeschnitten und auf das Tonpapier geklebt worden.
Jedes Kapitel wurde doppelt angefertigt, weil wir zwei Exem-

plare benötigten: eins für uns und das andere als Geschenk an die Gäste unseres Marmeladenfestes.
Das Fest ist vorbei, die Marmeladen sind gegessen.
Endlich!
Ehrlich gesagt, in der letzten Zeit kam mir die Marmelade bald schon aus den Ohren wieder 'raus. Irgendwann war bei mir der Punkt erreicht, wo sich Unbehagen breit machte und mir Bedenken kamen. In den Parallelklassen zierten bereits allerlei Regelplakate über Nomen, Verben und Adjektive die Wände. Für meine Schüler waren das noch nie gehörte Fremdwörter. Nur sporadisch, wenn es die Situation erforderte, gab es mal Hinweise auf irgend eine Regel; systematisch haben wir noch nichts geübt. Im Sprach- und Sachbereich erwuchsen die Unterrichtsinhalte aus dem jeweiligen Stand des Projekts; die spontanen Ideen und Wünsche der Kinder und meine Vorschläge bestimmten den weiteren Unterrichtsverlauf. Nun soll das Leben ‚von der Hand in den Mund' vorbei sein. Ich freue mich darauf, an Hand eines Lehrbuchs wieder mal (von Fachleuten) wohl durchdachten, systematischen und zielstrebigen (und bequemen!) Unterricht machen zu können.

Gretel Herzog

Viele Geschichten

Aufsatzunterricht — dieses Wort verbindet sich bei mir mit Normen, gleichgeschalteten Wörtersammlungen, langweiligen Vorlesearien. Kreativität wird bei vielen Kindern nicht geweckt, da sich zwangsläufig diejenigen, die sich etwas schwerer tun, an die Ideen der Fixen, Fantasievollen halten, ohne deren sprachliche Kompetenz zu erreichen. Aufsatzunterricht: ein mühevolles Erarbeiten unter dem Stöhnen der Kinder. So, das nahm ich mir vor, sollte es bei mir nicht sein. Schreiben als

Spaß, Schreiben als Möglichkeit, Unverarbeitetes auszudrücken, Schreiben als lustvolles Nacherleben, Schreiben als Ausdruck der Individualität und Fantasie — das erschien mir als der sinnvollere Weg.

Steckbrief der Klasse: 18 Kinder, davon vier türkisch, 11 Jungen und 7 Mädchen.

Für das zweite Schuljahr suchte ich nach Schreibanlässen und fand eine Sammlung von etwa hundert Ideen bei „den Freinets". Plakativ und motivierend aufgemacht, liefern sie Ideen für unzählige Geschichten: Pädagogik-Kooperative e. V., Körnerwall 8, 28 Bremen 1.

Bilder und Bildergeschichten wurden als Sammlung zur freien Verfügung gestellt, Reizwörter gemeinsam gesammelt und als Liste ausgehängt.

Wahre Geschichten haben großen Wert, halbwahre entpuppten sich als die interessantesten. Da werden Verbindungen geschaffen, Racheakte erledigt, neue nach dem Vorlesen von der Gegenseite grundgelegt.

Da wir im Besitz einer Schreibmaschine waren (inzwischen haben wir zwei und Aussicht auf mehr), versuchten sich einige darauf, was oft mehr schlecht als recht gelang. Aber es war ja für uns, und die Kinder waren stolz auf ihren Erfolg.

Eine andere motivierende Art, Geschichten zu fabrizieren, ist das ‚Gruppenschreiben'. Jedes Kind bekommt ein Blatt und denkt sich eine Überschrift aus. Dazu schreibt es den ersten Satz und gibt dann das Blatt nach rechts weiter. Das nächste Kind schreibt darunter. Jedes muß immer erst alle bisher geschriebenen Sätze lesen, bevor es selbst einen neuen passenden Satz dazuschreiben kann. Danach gibt es das Blatt wiederum nach rechts.

Der Spaß der Kinder wurde deutlich durch viele Ausrufe und Schreie des Vergnügens. Es fiel den Kindern schwer, die lustigen Zeilen, die sie sich ausdachten, für sich zu behalten. Einige konnten es nicht und verkündeten auch gleich die Überschrift. Daher gab es viele Geschichten zum Thema ‚Geist'. Überhaupt

V I E L E   G E S C H I C H T E N

Carsten, Bastian, Oliver, Björn, Verena, Stefan, Natalie, Nadine, Daniel und Frau Dräger haben Geschichten geschrieben.

Jeder hat in jeder Geschichte immer einen Satz geschrieben.

Die Geisterbahn

Es war einmal ein Mann, der ging in eine Geisterbahn. Da sah er einen Geist. Der Geist haute den Mann auf den Kopf. Er schrie wie am Spieß. Ein Vampir sagte: Mmm, lecker schmeckt das Blut. Der Mann hat Angst und will weglaufen, aber er kann nicht. Eine dicke Spinne hält ihn fest.

Der Geist

Es war einmal ein Geist. Der wohnte in einem unheimlichen alten, verfallenen Schloß. Er erschreckte jeden Abend 100 bis 200 Menschen. Einmal aß er einen auf. Er schrie nach Hilfe. Ein anderes Gespenst kann einen auch erschrecken. Endlich wurde es wieder hell. Der Geist freut sich über einen Doppelgänger.

In der Geisterbahn

Ein Mann will mit der Geisterbahn fahren. Er hat große Angst. Als er eingestiegen ist, saust der Wagen blitzschnell los. Da fliegt eine Falltür auf, und er fährt in die Tiefe. Da kommt ein Geist und schreit huuuuuuh. Hilfe, schreit der Mann. Und wer holt Hilfe? Nun kommt ein anderer Wagen, und ein Mann sitzt darin und sieht es.

Das unheimliche Gespenst

Ein Mann geht in eine Geisterbahn. Er sieht ein Gespenst, und es schreit: huuuuuh. Der Mann will weggehen. Aber in der Geisterbahn sind noch mehr Gespenster. Der Mann schmeißt mit Steinen und trifft ein Tier. Der Mann versucht wieder wegzulaufen aus der Geisterbahn. Da faßt eine Krake nach ihm, die ist ganz kalt und glitschig. Er schreit um Hilfe, und er fährt weiter. Da ist er wieder draußen.

habe ich beobachtet, daß Kinder gern dieselben Schreibanlässe aufgriffen wie ihre Freunde. Manche überlegten auch gemeinsam; aber geschrieben haben sie jeweils ihren eigenen Text.

Monika Dräger

Lauter Sommergeschichten

Im Mai der zweiten Klasse ging ich dazu über, die Schüler anzuregen: Schreib das doch auf! wenn ‚gewichtige' Ereignisse mitzuteilen waren.
Die Geschichten gerieten auf Anhieb recht gut. Einige Kinder fanden Spaß daran, Geschichten auch auszudenken. Natürlich zeigten sich Unterschiede in Schreibfreude und -ergiebigkeit, in Flüssigkeit und Wortwahl, doch alle Texte waren ohne besondere Übungen klar in der Aussage und mehr oder weniger folgerichtig im Aufbau. Freude an der Arbeit hatten alle.
Geschrieben wurde in der Schule. Gelegentlich waren regelrechte Schreibzeiten im Unterricht angesetzt, doch im allgemeinen entstanden die Geschichten während der freien Arbeit.
Die Texte konnten größtenteils unverändert bleiben. Lediglich Rechtschreibfehler korrigierte ich, hier und da auch grobere Fehler in der Grammatik, insbesondere in den Arbeiten der ausländischen Schüler. Schließlich sollte nicht der kindgemäße Ausdruck zugunsten eines perfekten Ergebnisses auf der Strecke bleiben.
Motivation und Arbeitsfreude hielt ich dadurch aufrecht, daß alle Geschichten vervielfältigt wurden: mit großen Typen auf Matrize DIN A 5 geschrieben — dicht, fast gedrängt, damit der Papierverbrauch sich in Grenzen hielt — und abgezogen, im Schnellhefter gesammelt, weil als Loseblattsammlung auf Zuwachs eingerichtet, ganz nüchtern und einfach, nur eine Sammlung von Texten. Die Namen der Verfasser vermerkte ich ganz bewußt nicht bei den jeweiligen Beiträgen: Es waren *unsere* Ge-

Am Donnerstag waren wir wandern. Als wir nach Hause fahren wollten, haben wir einen Autounfall gehabt. Als ich merkte, daß wir ins Schlendern kamen, habe ich die Augen zugemacht, und als ich sie wieder öffnete, waren wir in einem Graben mit Wasser. Ich habe geschrien und Katja auch.

schichten, und ich wollte auch nicht einer unguten Konkurrenz unter den Eltern Vorschub leisten. Die Kinder fragten kaum nach den Verfassern; eigene Geschichten erkannten sie ohnehin.

Allmählich entstand so ein richtiges Buch, das sich auch noch als Stimulans ersten Ranges für das Lesen erwies.

Die jeweils neuesten Seiten veröffentlichten wir als Wandzeitung. Sie fanden immer gehörige Beachtung.

Gelesen wurden die eigenen Geschichten nicht nur in Form des Vor- und Mitlesens („Ich möchte auf Seite 9 die zweite Geschichte lesen!“), sondern auch während der Zeit, die für individuelles Lesen (Klassenbücherei) vorgesehen war. Manches Mal hatte ich den Eindruck, als ‚badeten‘ die Kinder voll Wonne in ihrem eigenen Buch.

Mit der Zeit entwickelten sich Kriterien für die Beurteilung: Es sollte immer wieder Freude bereiten, die Geschichten zu lesen und zu hören. Die Kinder konnten gut die interessanten von weniger interessanten Texten unterscheiden und sparten auch nicht mit Lob.

Mein Appell „Ich brauche wieder Geschichten für unser Lesebuch!“ verhallte niemals ungehört. Gelegentlich kam ich wohl auch nicht nach mit der Vervielfältigung. Dieses Ausbleiben der Rückmeldung brachte meistens den Nachschub ins Stocken, weil der Anreiz fehlte. Doch das änderte sich, sobald die nächste Wandzeitung erschienen war.

Meine Aufgabe bestand nicht darin, schriftlichen Ausdruck zu

manipulieren, zu korrigieren und zu beurteilen, sondern die Lernsituation zu schaffen, die Arbeit in Gang zu bringen und in Gang zu halten, Anreize zu setzen, die den Kindern die Möglichkeit eröffneten, um der Arbeit willen zu arbeiten, weil es ganz einfach Spaß machte, Geschichten für unser Buch zu schreiben.

Zu Beginn der dritten Klasse erhoffte ich mir eine neue Motivation für das freie Schreiben von der Teilnahme an einem Wettbewerb „Kinder schreiben für Kinder", zu dem der Arbeitskreis Grundschule aufgerufen hatte. Wir schrieben nicht ausdrücklich für diesen Wettbewerb, sondern griffen auf die bereits vorliegende Sammlung zurück. Die Auswahl trafen wir gemeinsam.

Für die mühevolle Arbeit, die Texte noch einmal fein sauber mit der Hand auf große Bogen zu schreiben, benötigten wir viel Zeit und Konzentration. Manch neuer Anfang und viel gutes Zureden waren erforderlich, bis alle ihren Beitrag — die ganz eifrigen Schreiber auch mehrere Beiträge — zu unserem ‚schönen' Buch vorlegen konnten. *Ingeborg Horstmann*

Spielesammlung für den Pausenhof

Die Kinder meiner 2a warten nach der großen Pause vor der Klassenzimmertür: „Die aus der 3b haben uns wieder das Trinkerle weggenommen, als wir Trefferles spielen wollten!" „Der Ingo hat wieder so arg an der Kapuze gezogen bei ‚Buben fanget d'Mädle!'" „Die Sabine ist uns dauernd in die Reihe von ‚Machet auf das Tor' gelaufen"...

Ich fürchte, der Unterricht an diesem Montag ist zunächst für mich auch gelaufen. Es scheint notwendig geworden zu sein, die Pausenprobleme aufzuarbeiten. Im Erzählkreis erinnern mich die Kinder an das in ähnlicher Situation gegebene Versprechen, etwas zu unternehmen, wenn das mit den Streitereien und Spielstörungen in der großen Pause so weitergeht.

Jetzt motiviert meine deutlich gezeigte Ratlosigkeit die Kinder dazu, eigene Überlegungen anzustellen. Immer wieder werden Probleme genannt, die bei Spielen innerhalb der Klasse vorkommen. Am häufigsten wird zur Zeit ‚Mädchen fangen Buben — Buben fangen Mädchen' gespielt — ein zum Teil nicht ohne Brutalität verlaufendes Fangspiel. Es häufen sich also im Kreisgespräch Beschwerden und Vorwürfe wegen unangemessenen Verhaltens.

„Der Michael hält sich ja auch nie an die Spielregeln!" Frauke gibt das Stichwort: Es stellt sich heraus, daß es bis jetzt eigentlich noch keine einheitliche Meinung über Grenzen und Ablauf des Spiels gibt. Sehr schnell finden nun die Kinder Begründungen für die Notwendigkeit einer gemeinsamen schriftlichen Formulierung der Spielregeln zu ‚Mädchen fangen die Buben'. Unser Stuhlkreis löst sich auf. Die Kinder diktieren, ich schreibe. Gemeinsam überlegen wir Formulierungen, bedenken Schwachstellen des Spiels, die geregelt werden müssen — am Ende der Stunde stimmt zwar mein heutiger Tagesplan nicht mehr, aber der erste Beitrag für ein neues Unterrichtsvorhaben steht an der Tafel. Es wird ein fächerübergreifendes Projekt, das uns vier Wochen lang beschäftigt: Unsere Spielesammlung für den Pausenhof. Die Kinder nennen Spiele, die sich während der Pause spielen lassen. Sie stellen *ihre* Theorie des Spiels auf. Daraus entwickeln sie einen für alle Spiele geltenden Rahmen. Nun formulieren die Kinder in Gruppen die einzelnen Spielregeln.

Frauke und Daniela schreiben auf, wie sie ‚Machet auf das Tor' spielen. Die Singweise des Spielliedes fügen sie Silbe für Silbe in ihre Spielregeln ein.

Für die Reinschrift biete ich ihnen Text und Noten des Liedes an, um ihnen Schreibarbeit zu ersparen.

Neben der Fertigstellung, Korrektur und Reinschrift der Texte entstanden Illustrationen und Titelblattentwürfe. Eigentlich sollten alle Kinder der Schule das endgültige Titelblatt auswählen, aber bei der ‚Massenentscheidung' am schwarzen Brett gab es kein eindeutiges Ergebnis, so daß schließlich doch innerhalb der Klasse die Entscheidung gefällt werden mußte. Sie war für alle Kinder spannend, weil wegen Stimmengleichheit zum Schluß das Los entscheiden mußte. Dieses Verfahren war für die Kinder zu verkraften, weil sich schließlich jedes Kind der Klasse entweder durch Illustration oder Textreinschrift gedruckt wiederfand.

Jede Klasse der Schule erhält ein farbig gestaltetes Exemplar der Spielesammlung: „Dann wissen die anderen auch, wie man die Spiele spielt. Es gibt vielleicht nicht mehr so viel Streit mit anderen Klassen!"

Für die Klasse 2a ließ sich dieses Ziel tatsächlich erreichen, denn unterschiedliche Meinungen über den Spielverlauf wurden mit den Regeln aus der Spielesammlung verglichen, die erstaunlich ernst genommen wurden. Die Kinder hatten für das Schuljahr eine Möglichkeit gefunden, einige Pausenprobleme selbst zu regulieren. *Ingrid Schweitzer*

Pausenspiele

Es hatte sich so eingebürgert, daß die Schulanfänger von den Kindern des zweiten Schuljahres ein kleines selbstgestaltetes Geschenk bei der Aufnahmefeier überreicht bekamen.
Da Eltern und Lehrerinnen unseren Schulhof gerade neu mit Spielzonen und -feldern gestaltet hatten, brannten die Kinder darauf, sämtliche Spielmöglichkeiten auszuprobieren. Der nächste Schritt, die Erfahrungen schriftlich festzuhalten, war schnell getan, und von dahin bis zu einem „Pausenspielbuch für Erstkläßler" war es auch nicht mehr weit.
Kinder, die selbst nicht sicher genug schreiben konnten (noch waren sie ja selbst die Erstkläßler), diktierten mir ihre von der Klasse gebilligte Spielregel.
Da uns klar war, daß die meisten Erstkläßler bei Schulbeginn noch nicht lesen können, war auf jedem Blatt im oberen Drittel erst einmal eine große Zeichnung zu dem betreffenden Spiel anzufertigen. So sollten die Schulneulinge verführt werden, sich den Text dazu von ihrer Klassenlehrerin oder Eltern vorlesen zu lassen.

Gerhild Kirschner

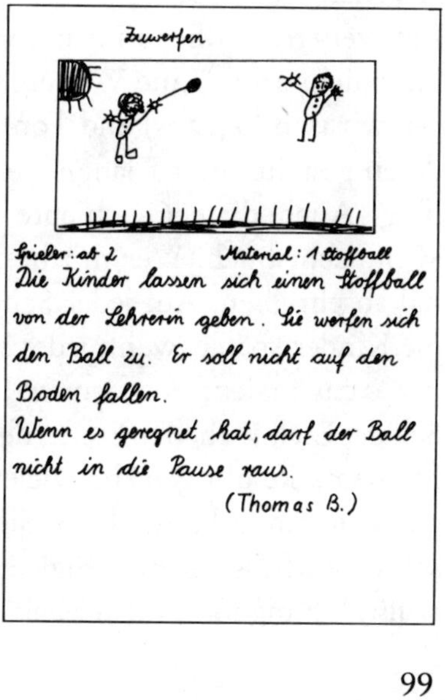

Weihnachtsbuch

Die Idee zu diesem „Weihnachtsbuch“ habe ich von Gisela Dick aus „Gloria und Plätzchenduft“, Band 5 der „gelben Reihe“. Alles, was wir zu Advent in der Schule unternehmen, stellen wir zusammen und machen daraus ein Buch. Das wollen die Schüler dann ihren Eltern zu Weihnachten schenken.
Aus dem Lesekasten „Adventsgedichte“ — eine Sammlung von Karten mit je einem Gedicht — suchen sich die Kinder eins aus. Thorsten nimmt sich gezielt eine Karte mit wenig Text. Da braucht er nur wenig fürs Buch zu schreiben und für die Darbietung auf der Weihnachtsfeier auswendig zu lernen. Sascha, Dennis und Maurice teilen sich das lange Opus „Von drauß vom Walde komm ich her“. Die drei finden eine sehr freundschaftliche Lösung: zuerst ein langes Stück, dann ein kurzes, dann wieder ein langes. Das kurze wird Sascha zugeteilt: „. . .weil du noch nicht so gut schreiben kannst.“
Die fertigen Gedichte — die meisten sind Nikolaus-Verse, die die Kinder als Nikoläuse verkleidet auf der Weihnachtsfeier vortragen wollen — werden zurechtgeschnitten und auf DIN A 4-Blätter geklebt.
Ein weiterer Höhepunkt unserer Feier soll die Darbietung eines Stücks sein. „Eine Wintergeschichte“ von Max Bolliger zeigen wir in Bild (Dias) und Ton: Einer liest den Text vor, die anderen gestalten mit Klangmaterial eine musikalische Untermalung. Auch diese Geschichte findet ihren Platz in unserem Weihnachtsbuch. Wer möchte, darf ein Kapitel für das Original abschreiben. Auf jeder Seite bleibt viel Raum. Da können die Kinder später, wenn jedes sein Exemplar hat, passende Bilder dazu malen: den armen Jungen, den bärbeißigen Alten, Schafe, Esel, Kuh, den Stern, den Stall,. . .
Ich bemerke übrigens bei vielen Kindern eine zunehmende Sicherheit im Abschreiben: Sie machen weniger Fehler, sie schreiben flüssiger und zügiger. Den Fleißigen wird selbst bewußt: Übung macht den Meister!

Meine Schüler und ich sind sehr sangesfreudig. Und in der Adventszeit singen wir erst recht häufig. Die Eltern hören staunend, wie viele Lieder ihre Kinder kennen. Schon im vorigen Jahr baten mich einige um Abzüge von unserem Liedgut, damit sie auch mitsingen konnten. In diesem Jahr sollen alle unsere komplette Liedersammlung erhalten — in dem Weihnachtsbuch. Text und Noten schreibe ich auf. Dabei wähle ich bewußt Tonarten, die der Stimmlage der Kinder entsprechen und die sie mit Blockflöten und Xylophonen begleiten können. Auf diese Sammlung kann in jedem Jahr zurückgegriffen werden, in der Schule beim Adventssingen und vielleicht auch zu Hause in der einen oder anderen Familie beim gemeinsamen Musizieren.

Von den Originalen benötigen wir Kopien:

— für alle Schüler der Klasse,
— für Jan und Yvonne, die verzogen sind und mit denen wir noch korrespondieren,
— für unsere Patenklasse,
— für Frau Böhnke, unsere Lehramtsanwärterin, die uns die Dias für unsere Weihnachtsgeschichte hergestellt hat,
— für ein Exemplar für unsere Klassenbibliothek,
— für ein Reserveexemplar.

Die Kinder jubeln, als sie ihr Werk, ein richtiges Buch, in Händen halten. Erst einmal blättern und blättern, die eigenen Beiträge suchen, dann Malstifte zücken und die Seiten illustrieren. Auch die Widmung und das Inhaltsverzeichnis muß jeder noch eintragen. Zu den Bastelanleitungen falten wir entsprechende Sterne und kleben sie dazu.

In dem dicken Buch gibt es noch so viel zu malen. Das schaffen wir nicht mehr alles in der Schule. Die Kinder dürfen zu Hause daran weiterarbeiten. Damit es schneller und leichter geht, gebe ich den Tip: „Benutzt Schablonen, z. B. Backformen oder selbst ausgeschnittene Sterne, Glöckchen, Tännchen,. . . Aber alles schön heimlich machen, damit die Eltern nichts merken!“

Gretel Herzog

Liederbücher

Zu Advents- und Weihnachtfeiern gehört für mich das gemeinsame Singen. Was aber, wenn mehr und mehr nur die erste Strophe beherrscht wird?

Weihnachtsliederbücher anzuschaffen, dazu fehlt uns das Geld. Alle auf Matrize tippen? Dazu fehlt mir die Zeit! Aber Schönschreiben! Jedes Kind sollte ein Lied in Schönschrift auf Matrize schreiben und, falls noch Platz auf dem Blatt war, mit einer kleinen Zeichnung versehen.

Dies geschah im ersten Jahr, aber die Ergebnisse waren nicht befriedigend. Waren die Schriften sowieso schon nicht schön, so schreckten sie jetzt einige Eltern im Vergleich mit anderen Schriften ziemlich auf: Das ungewohnte Durchdrücken und Schreibenmüssen mit Kuli hatte alle Anstrengungen der Kinder zunichte gemacht.

Im nächsten Jahr — mit einer neuen Klasse — entschied ich mich für den etwas teureren Weg: Druckenlassen in der Kreisdruckerei. Das belastet zwar den Schuletat mit 1,5 Pf pro Blatt, ist aber für die Kinder leichter machbar. Diesmal konnten sie auf ihnen vertrautem Papier mit den üblichen Schreibgeräten die Texte auf DIN A 4-Papier mit Schreiblinien abschreiben. Auch das Ausbessern von Fehlern mit flüssigem Tipp-Ex war wesentlich leichter als bei einer Matrize. Als weiterer Vorteil kam hinzu, daß die Verzierungen gesondert angefertigt werden konnten. Besonders mißlungene Exemplare konnten beruhigt ein zweites Mal angefertigt werden: Ein Schreibblatt kostet nur einen Bruchteil einer Matrize! Beim Drucken verblassen die Linien meist so, daß sie den Gesamteindruck nicht stören. Auch die Anordnung der Blätter ist wesentlich einfacher, da sie durch Zerschneiden und Neuzusammenfügen freier kombinierbar waren.

Wir entschieden uns, die Lieder nach dem ABC zu ordnen, da dies das Auffinden während des Singens erleichtert. Die Seiten zusätzlich durchzunumerieren, hat sich außerdem bewährt.

Während der Weihnachtszeit bekommen die Kinder die Hefte ausgeliehen, aber erst, wenn sie die Schule verlassen, geht das Heft in ihren Besitz über, denn für eine jährliche Druckaktion ist unser Etat zu klein!
Auf gleicher Grundlage entstehen Gedicht- und Liederbücher für den allgemeinen Gebrauch. *Gerhild Kirschner*

Das Wutbuch — eine Episode

Ich übernehme eine 2. Klasse. „Eine schwierige Klasse", sagt erleichtert die bisherige Klassenlehrerin.
Ich komme aus der Hauptschule, meine Erfahrungen mit kleinen Kindern liegen acht Jahre zurück. 22 Kinder warten auf mich. Was erwarten sie von mir? Natürlich — ich soll ihnen Lesen, Schreiben und Rechnen beibringen. Das kann doch nicht so schwer sein.
Sicher, die Klasse ist lebhaft, um nicht zu sagen laut. Aber ist das ein Grund für meine wachsende Dünnhäutigkeit, meine explosionsartigen Brüller, meinen Drang, ganz schnell in der Pause ins Lehrerzimmer zu kommen?
Die Pausen. . . Was mache ich nur mit diesem tobenden, quirligen Haufen von kleinen Kindern, in dem die Konflikte der Pause noch in der Klasse schreiend, schlagend, tretend ausgetragen werden? Voller Wut schaffe ich „Ordnung", schnauze einzelne, dann die ganze Klasse an, fresse ohnmächtig den großen Rest des Zorns in mich hinein. Ich bekomme keine Distanz, um die Kinder und mich beobachten zu können.
Sportstunde. Fernando: ein kleiner kompakter Knubbel, der — ohne fett zu sein — in die Breite wächst, als ob er nicht die Erlaubnis hätte, groß zu werden. Sein Kopf drückt die Stirn nach vorn unten, die Kehle nach innen, seine Nackenmuskeln sind hart und verspannt. Unter schwarzen, gesenkten Augenbrauen

schaut er mich ab und zu kurz lauernd an. Blickkontakt vermeidet er, wenn er mit mir spricht. Er scheint vorwiegend mit den Ohren wahrzunehmen. Fernando schreit und schlägt plötzlich auf Joaquin ein, hart, ohne ein Ende zu finden. Ich nehme Fernando von hinten fest in die Arme, umspanne ihn. Er tobt wie ein kleiner, gefangener Stier. Ich muß meine ganze Kraft nutzen, um ihn zu halten. Dabei schreit er: „Laß mich los, du Arschloch. Verdammt, du. Scheiße. . ." Fernando stöhnt, schreit, windet sich. Ich sehe mich plötzlich, wie ich in der dritten Klasse vor Wut besinnungslos schreiend auf den Kieselsteinen des Schulhofes knie. Einer der großen Tölpel hatte mich einfach geschlagen. Ich merke, wie Fernando meine Beine schont. Er tobt in meinen Armen, aber er benutzt seine einzige Waffe, die Füße, nicht. Langsam lockere ich die Umklammerung, sein Wüten wird leiser, flackert mal wieder auf, wie um meine Festigkeit zu prüfen, erlöscht schließlich. Keuchend läßt Fernando sich auf die dicke Matte sinken. Die anderen Kinder haben unserem Tanz atemlos still zugesehen. Sie gehen, sich umzukleiden, bleiben auch in der Garderobe ganz still. Ich setze mich neben Fernando, sage lange nichts. Als er sich aufrichtet, frage ich ihn, warum er so wütend gewesen sei. Er sagt nur: „Joaquin" und geht, sich umzuziehen.

In der Klasse nehme ich ein dickes leeres Buch und sage: „Wer Wut hat, schreibt das hier hinein." Wortlos nimmt Fernando sich das Buch und schreibt:

Pisser, Ficksau, Joaquin ist eine Schweinsau.

Ich lese diesen geschriebenen Wutausbruch mit Unbehagen. Wie wirkt das auf die anderen Kinder? Wie auf die Eltern, die Kollegen?

Ich will, daß Fernando mit seinem Namen unterschreibt, in der verschwiegenen Hoffnung, daß er Bedenken bekommt und ich mich mit ihm über andere Formen der Wutauseinandersetzung, die mir für mich ungefährlicher erscheinen, verständigen kann. Aber Fernando nimmt seinen grünen Filzstift und unterschreibt: Von Fernando.

Nun ist es amtlich. Im Augenblick weiß ich nicht weiter.
Joaquin hat gesehen, wie Fernando in das Buch schreibt. Er nimmt das Buch und reißt kurzentschlossen die Seite heraus, zerfetzt sie in tausend Schnipsel und schmeißt sie mit einem satten SO! in den Papierkorb. Fernando protestiert, Joaquin schreit: „Ich bin kein Pisser." In der Klasse entsteht eine Debatte, während der sich die Regel herausbildet, keine Beleidigungen in das Wutbuch zu schreiben. Heiko meint: „Ein schönes Wutbuch!"
Um meine Anregung zu retten, fordere ich Fernando auf, seine Wut in das Buch zu zeichnen. Er weiß nicht was und fragt mich. Ich sage: „Ein Haus, einen Zaun, einen Baum und noch die Sonne." Fernando verschwindet im Nebenraum und kommt mit einer Zeichnung zurück. Sie ist wie Fernando: Um sich einen braunen, dicken Zaun, mit der Tür nach hinten auf den Acker mit einem schönen Baum. Das Haus, grün vor Wut, breit und niedrig, mit zwei winzigen Fenstern, eins mit einem Pünktchen Rot, eines mit Blau. Wo ist die Tür, der Zugang? Für mich ist dieses Bild eine treffende Symbolisierung seiner Wut, seiner ganzen Person.
Joaquin ist sein Intimfeind. Langsam, sehr langsam wird mir klar, was zwischen den beiden läuft. Joaquin schürt gern Feuerchen, Feuerchen der Wut. Hier ein bißchen gepetzt, dort blitzschnell gekniffen, und mit dem Munde ist er auch sehr flink. Aber dann schreiend zu mir kommen und sich beschweren. Ich weiß, er hat zwei Mütter, seine richtige und die Mutter seines Vaters, der sich raushält. Und beide Mütter spielen das Spiel: Ich bin doch die bessere Mutter. Einig sind sie sich nur darin, daß Joaquin „brav" sein muß. So zwiebelt er heimlich seine kleine Schwester, die aber inzwischen gelernt hat, schon loszuplärren, wenn Joaquin noch gar nichts getan hat. Und schon ist er wieder der Dumme. Wie soll er seine Wut loswerden?
Fernando ist sein bevorzugtes Opfer, weil er langsam ist und stets wutbereit. Er lodert schrecklich schön — und Joaquin reibt sich ins Fäustchen. Übrigens: In allen seinen Bildern, auch

in ein Wolkenbild, bringt Joaquin ein Feuerchen unter. Aber nicht nur Fernandos Intimfeind zerrt an ihm, auch die anderen Kinder spielen ihr Spiel.

Fernando zeichnet noch ein Bild von seinen Konflikten mit Joaquin. Die anderen Kinder finden die Idee des Wutbuches spontan gut. Alle wollen schreiben, nur wenige tun es.

Das hat mehrere Gründe:

— Wut und Aggression sind für die Kinder dann beängstigend, wenn sie über ein Medium, wie ein Wutbuch, direkt mit ihrem „Wutprodukt" konfrontiert werden. Ihr Wuttext ist zwar geschrieben und so von ihnen distanziert. Aber wie sollen sie Verantwortung für ihn übernehmen, wenn sie jahrelang die Erfahrung gemacht haben, daß einem Kind Wut verboten ist?
— Kinder sind oft von ihrer Wut so blockiert, daß sie stundenlang oder auch länger nichts produzieren können. Wut tut dem Lernen nicht gut.
— Die Kinder, denen die Lebendigkeit ihrer Gefühle nicht gestattet wird, richten entweder ihre Wut gegen sich, und dann schreiben sie wenig oder nichts, schon gar nicht in ein Wutbuch. Oder sie verschlüsseln ihre Wutäußerungen so dicht, daß ein Wutgefühl nur sehr schwer hinter der Chiffre zu erspüren ist. Auch diese Kinder schreiben nach meinen Erfahrungen nicht in ein Wutbuch. Sie lesen begierig im Wutbuch, was andere schreiben, und freuen sich so an der Wut der anderen, ohne ihrer eigenen verbotenen und damit gefürchteten zu nahe zu kommen.
— Für Kinder, denen für ihre Lebensäußerungen Luft gelassen wird, eignet sich das Wutbuch zunächst. Sie haben Einsicht in die Regel, daß Menschen durch ihre Wut nicht beschädigt werden dürfen, andere nicht, sie selbst nicht. Für sie ist das Buch zunächst ein Anreiz, den Kontrahenten Pfeffer zu geben. Gefahrlos und ohne viel Mühe. Später ist dieses Medium für sie zu langsam. Sie sind ganz gut ausgestattet, ihre Wut adäquat und unmittelbar auszuleben.

— Als ständiges Angebot, das die Kinder nach Bedarf benutzen können, scheint mir ein Wutbuch eine gute Möglichkeit, die Entwicklung von der besinnungslosen Wut zu einer direkten Offenheit zu unterstützen.
(Maja legte sich sofort ein eigenes Wutbuch an, aber ein abschließbares: „Damit meine Mutter da nicht drin lesen kann!")

In meiner Klasse ergab sich für die Kinder eine andere Art der Symbolisierung ihrer Gefühle. Sie schrieben Geschichten. Das Wutbuch blieb eine Episode.

Beim Sport war Fernando eines Tages ganz erschrocken, daß er Klaus, den stärksten Rauhbatz der Klasse, mit seinem Gewicht umdrückte. Stunden später schrieb er diese Geschichte:

> *Wie der schwache Jimmy stark wurde*
> *Es war einmal ein Junge, der hieß Jimmy. Jimmy war ein schwacher Junge. Deswegen lief er immer weg und versteckte sich, wenn einer mit ihm sich schlagen wollte. Einmal aß Jimmy in der Schule Spinat. Einer lachte deswegen und wollte Jimmy stoßen. Jimmy, der weglaufen wollte, wurde festgehalten. Jimmy wurde, ohne daß er es wollte, in den Ring gestoßen, wo Jimmy mit einem anderen Jungen boxen mußte. Jimmy hatte große Angst. Er hat vor Angst dem anderen Jungen eine gebatscht und machte so seinen Gegner k.o. Als er das sah, war er freudig und sagte zu sich: „Ich renne nie mehr weg, wenn jemand mit mir kämpfen will." Aber Jimmy wußte nicht, daß er den stärksten Jungen der ganzen Schule umgelegt hatte. Deswegen wollte niemand mehr mit Jimmy kämpfen. Und wenn Jimmy nicht gestorben ist, dann schlägt er sich noch heute mit großen Jungen herum.*

In dieser Geschichte hat Fernando noch nicht das Gefühl der eigenen Stärke. Neulich sah ich ihn nach einem Jahr wieder. Er ist schlank gewachsen und reicht mir schon bis an die Schulter.

Hans H. Wünnenberg

Nanzenbach-Mappe

Die ‚Nanzenbach-Mappe‘ ist aus unserem Heimatkunde-Unterricht hervorgegangen, der Teil unseres Sachunterrichts ist. Im Sachunterricht der Klasse 2 halte ich die Einführung in das Kartenverständnis für sehr wichtig. Dazu gehören anhand des Heimatortes die Kartenzeichen, die Farbgebung, die Windrose, der Schulweg, der Dorfplan sowie der Bau eines Dorfmodells.
Wenn auch abfragbares Wissen heutzutage oftmals verpönt ist, so halte ich es doch für bedeutsam, daß die Kinder geographische Fakten des Heimatortes lernen, behalten und ‚wissen‘.
Die ‚Nanzenbach-Mappe‘ erfüllt die Funktion der emotionalen Bindung an die Grundschule. Sie dient als Erinnerungsstück an den geographischen Bereich des Sachunterrichtes des zweiten Schuljahres. Auch der geschichtliche Aspekt des Sachunterrichtes wird durch die Gegenüberstellung von ‚Früher‘ und ‚Heute‘ abgedeckt.
Der äußere Rahmen einer gebundenen Mappe soll ein Gegengewicht darstellen zu den vielen Lose-Blatt-Sammlungen, die die Kinder während des Schuljahres zusammentragen.

Blatt 2

<u>Dorfstraßen in Nanzenbach</u>

Hauptstraße	①
Gasse	④
Schwarzbachstraße	③
Hintergasse	②
Adolfstraße	⑦
Grauberg	⑮
Gewannstraße	⑥
Hohlstraße	⑤
Querstraße	⑬
Batzbachstraße	⑫
Friedhofsweg	⑭
Goldbachstraße	⑩
Brücherstraße	⑪
Warthestraße	⑨
Ruhwiesenstraße	⑧

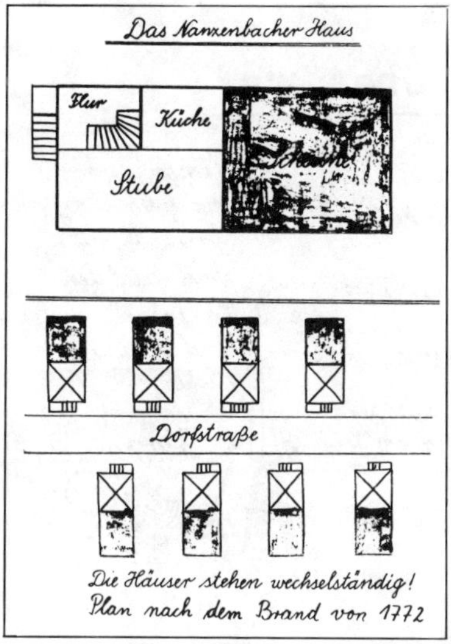

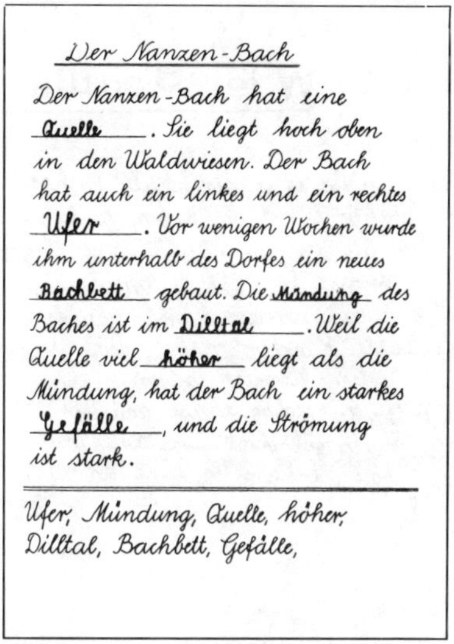
Der Nanzen-Bach

Der Nanzen-Bach hat eine Quelle. Sie liegt hoch oben in den Waldwiesen. Der Bach hat auch ein linkes und ein rechtes Ufer. Vor wenigen Wochen wurde ihm unterhalb des Dorfes ein neues Bachbett gebaut. Die Mündung des Baches ist im Dilltal. Weil die Quelle viel höher liegt als die Mündung, hat der Bach ein starkes Gefälle, und die Strömung ist stark.

Ufer, Mündung, Quelle, höher, Dilltal, Bachbett, Gefälle,

Je nachdem, welches Material die Kinder verschiedener Jahrgänge von zu Hause mit in die Schule bringen, wird unsere ‚Nanzenbach-Mappe' unterschiedlich umfangreich.

Horst Eckhardt

Erinnerungsbuch Nr. 2

Für die Klasse war es fast selbstverständlich, dem Buch vom Schulanfang (S. 69 ff.) einen zweiten Band folgen zu lassen. „Damit wir später auch an die 2. Klasse eine Erinnerung haben.“ So war der Rahmen gleich abgesteckt:

Wir im 2. Schuljahr
Wie wir sind
Wie wir uns sehen
Wie wir uns fühlen
Wie wir leben
Worüber wir uns freuen
Worüber wir lachen
Was uns traurig macht
Was uns weh tut
Wovor wir uns fürchten
Was wir uns wünschen

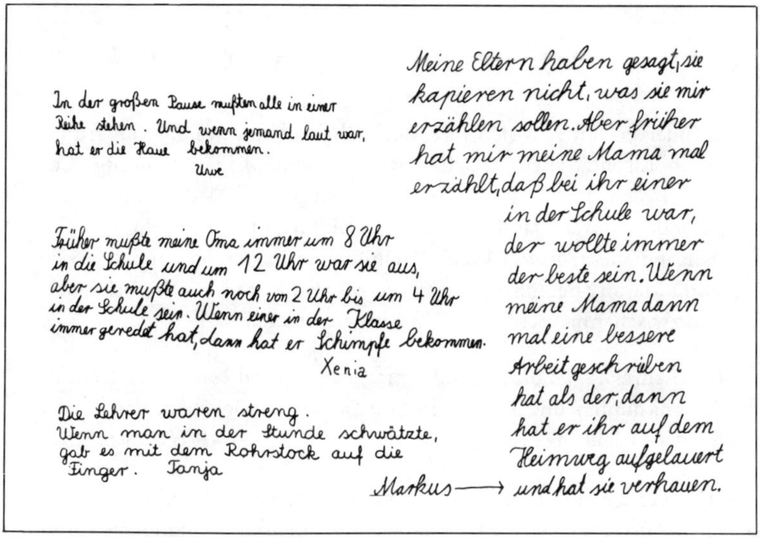

In der großen Pause mußten alle in einer Reihe stehen. Und wenn jemand laut war, hat er die Haue bekommen.
Uwe

Früher mußte meine Oma immer um 8 Uhr in die Schule und um 12 Uhr war sie aus, aber sie mußte auch noch von 2 Uhr bis um 4 Uhr in der Schule sein. Wenn einer in der Klasse immer geredet hat, dann hat er Schimpfe bekommen.
Xenia

Die Lehrer waren streng. Wenn man in der Stunde schwätzte, gab es mit dem Rohrstock auf die Finger. Tanja

Meine Eltern haben gesagt, sie kapieren nicht, was sie mir erzählen sollen. Aber früher hat mir meine Mama mal erzählt, daß bei ihr einer in der Schule war, der wollte immer der beste sein. Wenn meine Mama dann mal eine bessere Arbeit geschrieben hat als der, dann hat er ihr auf dem Heimweg aufgelauert und hat sie verhauen.
Markus

Kein Kind war in der Klasse, das seine Gefühle, seine Neigungen und Abneigungen, seine Wünsche nicht formulieren konnte.
Im Erinnerungsbuch war Platz für jeden Beitrag.
„Geschichten durchs Jahr“ durften natürlich nicht fehlen.
Hierzu wurden Beiträge ausgewählt, die über alltägliche und besondere Ereignisse im Verlauf des Schuljahres innerhalb und außerhalb der Schule berichteten, z. B. Märkte/ Spiele/ Feste/ erprobte Rezepte/ Basteleien/ Hochwasser/ Fastnacht/ Sommertag/ Zoobesuch/ ausgewählte Einzel- und Gruppenarbeiten/ Fotos.
Eine Portrait-Galerie beschließt die Dokumentation.

Herta Werner

Zum Beispiel Nordrhein-Westfalen

„Kinder erschließen sich ihre Wirklichkeit heute weniger als früher durch Eigentätigkeit und im zwischenmenschlichen Umgang. Ein großer Teil der Wirklichkeit wird ihnen durch Medien vermittelt, besonders durch das Fernsehen... Der Grundschule stellt sich die Aufgabe, dieser Entwicklung Rechnung zu tragen. Sie muß sich verstärkt darum bemühen, vielfältige Möglichkeiten zu Eigentätigkeit und zwischenmenschlichem Umgang zu schaffen." *(Richtlinien, S. 9)*

Der Lehrer ... „muß ... an die Erfahrungen und Interessen der Kinder anknüpfen und Lernen in Situationen ermöglichen, die für die Kinder Bedeutung haben." *(Richtlinien, S. 10)*

„Der Lehrer muß Lernsituationen so gestalten, daß die Kinder zunehmend in die Lage versetzt werden, mitzudenken, mitzuplanen und mitzugestalten. Er trägt dafür Sorge, daß die Kinder in für sie sinnvollen Zusammenhängen lernen und das Gelernte anwenden können." *(Richtlinien, S. 12)*

„Auch Gruppenarbeit und projektorientierte Unterrichtsformen bieten für die Kinder viele Möglichkeiten..." *(Richtlinien, S. 14)*

„Lernen wird von den Kindern besonders dann als sinnvoll und lebensbedeutsam erfahren, wenn sie das im Unterricht Gelernte auch anwenden können. Die Schule muß dazu vielfältige Möglichkeiten schaffen und Erfahrungen öffnen..." *(Richtlinien, S. 16)*

„Grundlegende Aufgabe ist, durch Texte die Freude, die Fähigkeit und die Bereitschaft der Kinder, mit Texten umzugehen, zu wecken und zu fördern." *(Lehrplan Sprache, S. 27)*

„Darüber hinaus sollen sie mit Texten in der Weise produktiv umgehen, daß sie Neues schaffen: durch Vortragen, Inszenieren, Umgestalten und durch Zusammenstellen von Texten und Textsammlungen." *(Lehrplan Sprache, S. 27)*

„In den Klassen 1 und 2 spielt der Aufbau von Schreibmotivationen eine vorrangige Rolle. Besondere Bedeutung haben spontanes Schreiben der Kinder ... freie Texte (z. B. Eigenfibel, Geschichtensammlung) ..." *(Lehrplan Sprache, S. 34)*

Drittes Kapitel
Klasse 3

Unser Bilderbuch

Ich habe eine Abneigung dagegen, mit Drittkläßlern bestimmte Aufsatzformen rein formal zu erarbeiten.
Erst einmal müssen doch das Zutrauen und der Mut geweckt werden, sich überhaupt schriftlich zu äußern. Dazu muß ich nach Schreibanlässen suchen, die dem Bedürfnis des Kindes entspringen.
Ein guter Weg dahin, finde ich, führt über das Malen. Das Malen ist ja meistens eine vertraute, von klein auf geübte Ausdrucksform.
„Ihr dürft heute ein Bild malen, irgend etwas ganz Schönes. Jeder darf malen, wozu er Lust hat!" So kann eine durchaus fruchtbare Aufsatzstunde beginnen.
Erstaunlich für mich ist immer wieder, wie schnell und lustvoll jedes Kind zu arbeiten beginnt. Auch wenn die Zeichenfertigkeit sehr unterschiedlich ausgeprägt ist, weiß doch jeder, was er kann, was ihm gefällt, was ihm wichtig ist. Und bei jedem tritt etwas Besonderes hevor, ein Teil seines Inneren offenbart sich. Und darum geht es mir.
Während die Kinder eifrig malen, gehe ich leise von einem zum anderen, spreche mit jedem über sein Bild, frage ihn, warum er gerade dieses Bild malt, erkundige mich nach Details — in diesem Gespräch steckt die Wortschatzarbeit, die Spracherziehung.
Bevor ich weitergehe, bitte ich das Kind: „Das hast du so schön ausgedrückt, schreib das doch nachher auf, dann wissen wir später immer, was du dir bei diesem Bild gedacht hast."
Das müssen die Kinder spüren, daß es mich wirklich interessiert, was sie denken und fühlen.
Jedes Kind erhält nach dem individuellen Gespräch seinen ganz persönlichen Schreibauftrag.
Gerardo aber erklärt mir: „Das kann ich nicht aufschreiben!"
Gerardo ist Italiener, er spricht ziemlich flüssig Deutsch, aber er kann kaum schreiben. Bei unseren ausländischen Kindern

ein verbreitetes Problem! Gerade diese Kinder haben aber oft aus Mangel an sprachlichen Ausdrucksmöglichkeiten und Gesprächspartnern ein ausgeprägt lebendiges, phantasievolles Innenleben. Hier wird das Malen zu einem besonders wichtigen Vehikel. Warum sollte ich mir nicht vom ihm diktieren lassen, was er zu seinem Bild zu sagen hat?
Es sind ja nur kurze Äußerungen, wenige Sätze, die die Kinder schließlich aufschreiben, aber von jedem Kind erfahre ich etwas über seinen Humor, seine Ängste, seine Kenntnisse, seine Vorlieben.
Die Bilder werden dann zusammen mit den kleinen Texten aufgeklebt und zu einem einfachen Buch zusammengeheftet.
Alle Halbjahre ein solches Bilderbuch — welch gute Möglichkeit, das geistige und seelische Wachstum meiner Schüler zu verfolgen!

Ingrid Bitter

Unser Apfelbuch

„Heut soll das große Apfelfest sein!"
Begeistert stimmen die Kinder dieses selbstgemachte Lied an. Es löst vielfältige Erinnerungen an sehr schöne Schulwochen für Kinder, Lehrerin und Eltern aus. Dabei ist das Lied ja fast in letzter Minute entstanden, um dem Fest ein ‚i-Tüpferle' aufzusetzen. . .
Heute, ein halbes Jahr später, kleben wir endlich die Fotos in unsere Apfelbücher, ‚persönliche' Fotos, die zusammen mit den Texten Ereignisse wieder lebendig werden lassen: Den Unterrichtsgang zur Apfelplantage. Jedes Kind findet seine Frage und die Antwort von Frau Mayer, der fachkundigen Landfrau, im Apfelbuch wieder.
Einige freuen sich jetzt noch darüber, daß ihre Blätter, z. B. „Apfel als Frucht", aus dem Sachkundeordner ins Buch über-

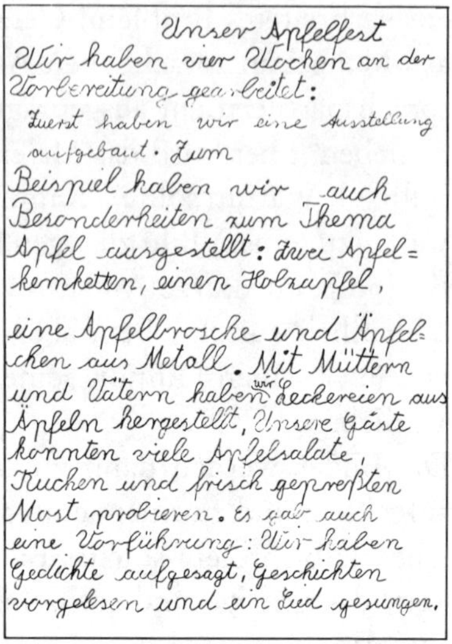

Unser Apfelfest
Wir haben vier Wochen an der
Vorbereitung gearbeitet:
Zuerst haben wir eine Ausstellung
aufgebaut. Zum
Beispiel haben wir auch
Besonderheiten zum Thema
Apfel ausgestellt: Zwei Apfel=
kernketten, einen Holzapfel,
eine Apfelbrosche und Äpfel=
chen aus Metall. Mit Müttern
und Vätern haben wir Leckereien aus
Äpfeln hergestellt. Unsere Gäste
konnten viele Apfelsalate,
Kuchen und frisch gepreßten
Most probieren. Es gab auch
eine Vorführung: Wir haben
Gedichte aufgesagt, Geschichten
vorgelesen und ein Lied gesungen.

nommen wurden, daß sie damals ein Rätsel, eine selbsterdachte Geschichte oder ihre intensive Beschäftigung mit Apfelschädlingen fürs Apfelbuch abgeliefert haben.

Höhepunkt der Unterrichtseinheit war aber doch das Apfelfest. Im Apfelbuch wird das eindrucksvolle Ereignis auf einer einzigen Seite zusammengefaßt. Allerdings haben wir auch die Rezepte der Apfelspeisen, die wir unseren Festgästen damals angeboten haben, ins Apfelbuch übernommen. Beim Lesen gibt es jetzt wieder Diskussionen über die unterschiedlichen Geschmacksauffassungen zu einzelnen Apfelgerichten.

Unsere Fotos zeigen Kinder, die mit Oma und Opa Leckereien aus der Apfelküche probieren. Weil jedes Kind zwei Gäste seiner Wahl zum Fest einladen durfte, kamen außer Müttern und Vätern sehr viele Großeltern. Sie freuten sich darüber, ‚Schule heute' kennenzulernen, und wußten unseren Apfeleinsatz für die Ausstellung zum Thema Apfel gebührend zu bewundern. Wir konnten ihnen mit den Gedichten und Liedern, die sie schon aus ihrer eigenen Schulzeit kannten, eine echte Freude machen. Martins Oma hatte sich zur Feier des Tages eine vor langer Zeit selbst gebastelte Apfelkernkette angezogen — leider

haben wir davon kein Foto fürs Buch. Dafür gibt es genügend Bilder von den Essensvorbereitungen und der Mosterei, die im Naßraum des Zeichensaales eingerichtet war.

„Da ist ja Karolines Pferdeapfel!" Aus Lehm und Stroh geknetet, sieht er sogar auf dem Foto aus ‚wie echt'. Er hat in der Ausstellung einen Platz in der Abteilung „Besonderheiten zum Thema Apfel" gefunden. Ebenso wie andere Ausstellungsstücke hat auch er ein liebevoll gestaltetes Beschriftungsschild in Form eines Apfels erhalten.

Die Begeisterung der Kinder beim nachträglichen Illustrieren unseres ersten gemeinsam erstellten Produkts, ihre Äußerungen lassen deutlich werden, daß damit der positive Anfang einer guten Zusammenarbeit zwischen Kindern, Lehrerin und Eltern gemacht war, daß dadurch ein Gemeinsamkeitsgefühl entstanden war.

So ein Projekt bedeutet keine ruhigen, schematisierten Unterrichtsstunden, sondern da ereignet sich lebendiges Schulgeschehen, in das alle Kinder der Klasse einbezogen werden und wo sie sich verantwortlich für eine Sache fühlen und sich entspechend einsetzen. *Ingrid Schweitzer*

Mein Apfel

Mein Apfel hat Sommersprossen
und sieht rot und grün aus,
aber er glänzt nicht.
Er hat Falten in der Haut
und riecht gut und süß,
und schmecken tut er süß.
Seine Blüte ist oben offen, und
unten zu der Stengel ist schräg.
Das Fruchtfleisch ist außen grün
und dann wird es weiß. Wenn
man weiter reinbeißt, stoßt man
auf das Kenngehäuse. Das Kerngehäuse
enthält große und kleine Kenne,
die groß sind, meist verschrumpelt
und braun. Das Kerngehäuse ist grün.
Es hat die Form wie ein Schmetterling.
Ich mag meinen Apfel.

Unser Apfelbuch

Vergnügen soll das Schreiben bereiten, das ist mir immer wichtig. In einem Buch (Gudrun Krause: Unterrichtsmodelle für das dritte Schuljahr, Klett-Verlag; voll von guten Anregungen!) entdeckte ich eine nachahmenswerte Anregung. Warum nicht einmal während des Aufsatzschreibens einen Apfel essen? Daß so etwas sonst verboten ist, erhöht nur den Reiz. Also durften alle Kinder einen Apfel mitbringen und sollten nun versuchen, ihn mit allen Sinnen zu erfahren. Zuerst einmal ihn genau betrachten, ihn anfassen und riechen.

Wenn sie dann alles, was sie beobachten konnten, aufgeschrieben hatten, durften sie in den Apfel hineinbeißen. Nun gab es auch etwas zu schmecken und wieder anderes zu sehen und zu riechen. Erst wenn das zu Papier gebracht war, durfte man weiteressen, bis hin zum Kerngehäuse.

War das ein Schmatzen, Schnuppern und Gelächter!

Und ich erparte mir das trockene Erklären einer Gliederung. Der fortschreitende Vorgang des Essens brachte die Gliederung mit sich.

Die Kinder fanden ihre Apfelgeschichten so schön, daß sie auch dazu malen wollten. Und schon war unser Apfelbuch in die Tat umgesetzt.

Ingrid Bitter

Wir beschreiben einen Panda

Immer bin ich auf der Suche nach natürlichen Schreibanlässen. Als ich einmal ein Tierposter von einem kleinen Panda mitbrachte, um das Klassenzimmer damit zu schmücken, wurde es so begeistert begrüßt, daß aus meiner geplanten Rechtschreibstunde eine Aufsatzstunde wurde.
Die Kinder konnten sich nicht satt sehen an dem niedlichen Panda. Manche wünschten sich, das Bild abmalen zu dürfen. Ich nahm die Gelegenheit beim Schopf. Kein Kind stöhnte, als ich darum bat, alles aufzuschreiben, was an dem Panda-Bild so gut gefiel. Alle waren angetan von der Idee, ein schönes Buch vom kleinen Panda in Wort und Bild herzustellen.
Ich finde, die Texte beweisen, mit welcher Lust die Schüler eine sonst oft so trockene Beschreibung anfertigten. *Ingrid Bitter*

Der Panda
Er sitzt auf einer Wiese am Wald. Er sieht aus, als ob er eine weißeHose und eine weiße Kappe trägt. aus der die Ohren heraus-schauen. Seine Augen sind schwarz und sehen mich fröhlich an.

Zeitung über Gladenbach

Arbeitsteilung im Unterricht? Klassenübergreifendes Lehren und Lernen? Ist so etwas in unserem Schulsystem wirklich effektiv möglich? Ja, und ein Ergebnis war die „Zeitung über Gladenbach“, den Schulort von drei dritten Klassen. Die haben auch geschrieben und gemalt: die Klassen 3P1, 3P2 und 3P3.
Geplante und beabsichtigte Nebeneffekte des Projekts: Die Kinder hatten vielfältige Gelegenheiten, sich ihre „räumliche Umwelt“, also den Heimat- und Schulort, zugänglich zu machen, und sie haben Methoden kennengelernt, Wissensstoffe selbständig und selbsttätig zu erarbeiten. Unmittelbar wichtig für die Kinder selbst war, ihren jeweiligen Partnerklassen auf diese Art und Weise Informationen über den eigenen Schul- und Wohnort zukommen lassen zu können.
Dieses schulkindorientierte Ziel spricht aus Aufbau und Gewichtung der Beiträge. Auch wenn dadurch vielleicht lehrerinnengewollte Schwerpunkte verschoben und anders gewichtet sind — die Zeitung hat an Aktualität und Altersgemäßheit gewonnen.
Wie war es nun möglich, daß die auf drei Klassen verteilten 94 Kinder und drei bzw. vier Lehrerinnen (in den letzten Wochen half uns nämlich eine Referendarin) so ein Produkt ‚aus einem Guß‘ herstellen konnten?
Ganz einfach: gemeinsame pädagogische Grundeinstellungen und Vorbereitungen in Form von engster Zusammenarbeit, also gemeinsame Unterrichtsplanung seit dem ersten Schuljahr dieser Klassen. Dazu kamen eine günstige Stundenplangestaltung mit Parallelstunden und gute räumliche Bedingungen — Klassenzimmer auf einer Ebene, die z. T. nur durch eine Tür getrennt waren.
Die Kinder waren seit dem ersten Schuljahr daran gewöhnt, sich themenbezogen für klassenübergreifende Gruppen zu entscheiden. Also mußte diese Arbeitsform nicht zusätzlich für das Projekt vorbereitet werden.

Eine Geschichte aus dem Krieg

Meine Mutter erzählte mir folgende Geschichte: Im Krieg waren alle Lebensmittel knapp. Für alles, was man kaufen wollte, gab es Lebensmittelkarten. Die Bezugsmarken an diesen Karten reichten nur für das Notwendigste. Nicht nur Fleisch und Fett mußte man einteilen, auch das Brot war oft knapp. Da war es gut, daß mein Großvater eine Bauersfamilie aus Rodenhausen kannte. Für diese Leute hat mein Großvater oft Geräte repariert. Dafür bekam er dann Brot, Wurst, Speck oder Kartoffeln. Wenn sonntags schönes Wetter war, gingen meine Großeltern mit ihren Kindern bis Rodenhausen spazieren. Mein Großvater fragte, ob etwas zu reparieren sei. Die nette Bauersfrau hatte meistens für die Kinder ein frisches Stück Kuchen. Ab und zu kam es vor, daß die Bauersfrau frisches Brot gebacken hatte. Dann schenkte sie meinen Großeltern einen Laib. Mein Großvater hatte immer ein Taschenmesser bei sich. Wenn dann auf dem Heimweg der Hunger sehr groß war, schnitt mein Großvater das frische Brot im Wald schon an. Nicht selten ist es vorgekommen, daß das Brot schon zur Hälfte gegessen war, ehe meine Großeltern zu Hause waren.

Linkershäuser Spielplatz

Auf unsrem Spielplatz gibt es: Rutschbahn, Sandkasten, Schaukel und ein Klettergerüst. Wir hätten gerne einen Pilz und eine Bank oder zwei Bänke. Damit es endlich Ordnung gibt, bräuchten wir einen Mülleimer.

Nachdem die Kinder innerhalb der eigenen Klasse das Ziel des Projekts in bezug auf die Partnerklasse festgelegt und Stoffsammlungen erstellt hatten, boten wir für Parallelstunden im Sachunterricht Themen an: z. B. „Interview mit dem Bürgermeister“, „Besondere Einrichtungen und Versorgungseinrichtungen“, „Die Landschaft um Gladenbach“, „Besuch im Rathaus“. Nicht für jedes Thema konnten Gruppen in Klassenstärke gebildet werden. Die endgültige Zusammensetzung erfolgte unter Berücksichtigung verschiedener anderer Faktoren (z. B. auch Verteilung von möglichen Unruhestiftern auf mehrere Gruppen, kleinere Gruppen für die Durchführung der Interviews. . .).
Wir Lehrerinnen tauschten die Gruppenergebnisse aus, korrigierten Texte und fertigten Zusammenschnitte allzu umfangreicher Beiträge an. Gleichzeitig mit diesen Nachbereitungen erledigter Inhaltspunkte erfolgte die Vorbereitung der nächsten Themenbereiche.
Recht hektisch verliefen die letzten Arbeiten, bevor wir Lehrerinnen den Umbruch durchführen konnten: Anhand einer Liste zu erledigender Reinschriften verteilten wir Texte, ließen wir Illustrationen, Titelblatt, Inhaltsverzeichnis und Vorwort anfertigen. Besonders gestreßt fühlte sich die Kindergruppe, die zur Veranschaulichung der mitarbeitenden Kinder für jede am Schluß der Zeitung geleistete Unterschrift ein Strichmännchen malte . . .
Diese Stunden wären gewiß zum Chaos ausgeartet, wenn die Kinder der dritten Klassen nicht an selbständige Arbeitsformen gewöhnt gewesen wären. Über die schließlich vervielfältigten, gelumbeckten Zeitungsblätter freute sich jedes einzelne Kind, weil es seinen persönlichen Arbeitseinsatz bestätigt sah. Auch für uns Lehrerinnen war die ‚Zeitung‘ Abschluß und Bestätigung erfolgreicher gemeinsamer Arbeit. *Ingrid Schweitzer*

(Siehe auch in Kapitel 4: Herta Werner, Eine Klasse macht Geschichte(n) und Gerhild Kirschner, Heimatbuch)

Unser eigenes Buch

Jedes Kind unserer Klasse soll bis zu den Sommerferien ein eigenes Buch zusammengestellt haben.
Das **Thema** sucht sich jeder selbst aus.
Es müssen **Bücher** und **Zeitungen** gelesen,
Informationen und
Bilder gesammelt,
Texte aufgeschrieben
und **Bilder gemalt**
werden.

Was du für dein Buch bedenken solltest:

- Inhaltsverzeichnis
- eventuell eine Beschreibung z.B. des Tieres
- Informationen darüber, wo das Tier lebt, wie es lebt, was es frißt, wie es Junge bekommt, wie es sich anderen Tieren gegenüber verhält, welche Tiere seine Feinde sind.
- Fotos,
- selbstgemalte Bilder oder Zeichnungen
- Wahre oder erfundene Geschichten zu deinem Thema. Gedichte, Spiele.

Viel Spaß!

Feuerwehr, Störche, Polizei und Handball

Ich besuchte mit den Kindern der Klasse 3 eine Bücherei und machte den Vorschlag, ein Vorhaben zu planen, bei dem jeder sein eigener Schriftsteller sein konnte.

Zunächst gingen nicht nur die Gedanken der Kinder wild durcheinander: Sollten Themen frei gewählt werden? Können die Kinder sich so einschätzen, daß sie sich mit der Themenwahl nicht überfordern? Ich gab ihnen zwei Wochen Zeit, sich über die gewählten Themen zu informieren. Nach mancherlei Änderungswünschen wurden die Themen festgelegt und Christian, der besonders schwankte, auf das Thema ‚Feuerwehr' verpflichtet:

Christian: Feuerwehr; Hatice: Türkei; Tanja: Tiere auf dem Bauernhof; Torsten B.: Polizei; Nicole: Störche; Ralf: Pferde; Katrin: Leichtathletik; Patrick: Die Bohne; Thomas: Handball — usw.

Nun ging es weiter: Ich stellte den Kindern verschiedene Arbeitstechniken sowie Material vor. Sie entschieden sich dafür, farbige Linien in der Breite von Wachsmalblöckchen zu ziehen und darauf mit Filzstift zu schreiben. Daß das Ziehen der Linien auch erst hätte eingeübt werden müssen, merkte ich erst, als die Schüler mir unzufrieden die ersten Blätter zeigten.

Trotz anschaulicher Erarbeitung erwies sich die Erstellung eines Inhaltsverzeichnisses als sehr schwierig. Ich half dabei jedem Kind individuell. Die Kinder konnten den Umfang der Arbeit noch nicht überschauen und nahmen sich oft zuviel vor. Zudem war der Arbeitsbeginn schwierig, weil sie voller Ideen und Anregungen waren und die nicht ordnen konnten. Die gemeinsame Vorstrukturierung erwies sich als unerläßlich.

Jeder Autor hatte einen Schuhkarton, in dem das Arbeitsmaterial aufgehoben wurde. Die wegen der Rechtschreibung vorgeschriebenen Texte sowie die fertigen Buchseiten lagen darin, so daß ich jederzeit einen Überblick hatte.

Etwa acht Wochen waren es, in denen die Kinder eigenverantwortlich mit großem Eifer und erstaunlicher Intensität das Vorhaben durchführten.

Als die ersten Arbeiten fertig waren und bestaunt, betrachtet wurden, entstand spontan die Diskussion, wer sein Buch verkaufen wolle. Gespannt hörte ich dem Hin und Her der Argumente zu:

Torsten: „Nee, mein Buch behalte ich. Bin doch nicht verrückt und verschenk' die viele Arbeit!"

Nicole: „Ich meine doch: verkaufen!"

Thomas: „Ist mir zu schade!"

Nina: „Man müßte ja viele Bücher haben. Wie soll das gehen?"

Katrin: „Einfach drucken!"

Es ist kurz vor den Ferien, die Arbeiten an den Büchern nähern sich dem Ende ebenso wie meine Geduld.

Immer wieder muß ich mir vor Augen führen, daß selten ein solch intensives Miteinander- und auch Voneinander-Lernen stattgefunden hat, wie während unseres Vorhabens.

Informationen wurden gesammelt, weitergegeben, kritisiert, kommentiert, gelobt, Anregungen gegeben und Ideen entwickelt. Die ersten fertigen Arbeiten liegen vor mir. Ich freue mich.

Dagmar Sommerfeld

Unsere Wanderung am Hohenstein

„Das war astschocke!“ Als Reinhold diesen letzten Satz seiner Geschichte mit dem darunter stehenden Namen vorlas, hielt er stolz ein kleines rotes Büchlein hoch und lachte strahlend darüber, daß sein Lieblingsspruch tatsächlich gedruckt dastand. „Astschocke“ war zu diesem Zeitpunkt sein höchstes Lob für etwas, das ihm besonderen Spaß machte. In seiner Geschichte galt es der Rückfahrt von einer Wanderung im Wagen einer Familie, die ihn nach Hause gebracht hatte. Vielleicht auch der Wanderung selbst mit den vielen kleinen banalen, lustigen Erlebnissen, die die Kinder in ihrem Geschichtenbuch aufgeschrieben hatten. Sicher aber war es auch ein verdientes Eigenlob für das sichtbare Ergebnis unserer Anstrengung. „Astschocke“ war der Weg zum fertigen Buch nämlich nicht, am wenigsten für Reinhold.

Zwar hatte er in Schulkindergarten und zwei Schuljahren gelernt, so zu erzählen, daß andere ihn verstehen und sich den Zusammenhang denken konnten. Aber das dann im notwendig langsameren Schreibtempo leserlich zu Papier zu bringen, war für ihn eine unerfüllbare Aufgabe; er konnte nicht schreiben. Genauer heißt das: Er konnte abschreiben und nach Kassette (in seinem Tempo) Lückenwortdiktate schreiben. Was er jedoch frei aufschrieb, war nur für ‚Insider‘ zu erraten und mußte in mehreren Schritten mit ihm überarbeitet werden. Reinhold wollte schreiben — sollte ja auch. Also hatte er in der Klasse Sonderkonditionen; eine davon bestand darin, daß er seine Geschichten mir oder dem Recorder diktierte, und ich schrieb oder er schrieb auf und ich übertrug (mühsam) seine Texte in rechtschriftlich richtige Sätze.

In vielen Klassen gibt es Kinder wie Reinhold und dazu noch etliche ausländische Kinder mit ähnlichen Schwierigkeiten. Der Gedanke an die Mühe, mit ihnen und all den anderen individuelle Texte zu einer fehlerlosen, sauber geschriebenen, stilistisch ansprechenden Sammlung zusammenzustellen, kann

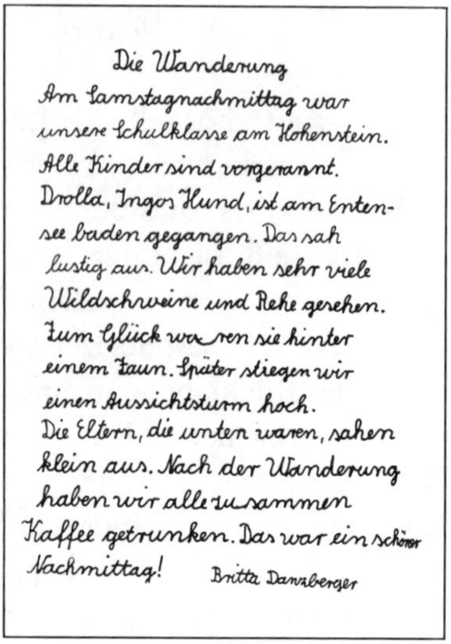
Die Wanderung
Am Samstagnachmittag war
unsere Schulklasse am Hohenstein.
Alle Kinder sind vorgerannt.
Drolla, Ingos Hund, ist am Enten-
see baden gegangen. Das sah
lustig aus. Wir haben sehr viele
Wildschweine und Rehe gesehen.
Zum Glück waren sie hinter
einem Zaun. Später stiegen wir
einen Aussichtsturm hoch.
Die Eltern, die unten waren, sahen
klein aus. Nach der Wanderung
haben wir alle zusammen
Kaffee getrunken. Das war ein schöner
Nachmittag! Britta Danzberger

leicht zu einem Berg geraten, den man nicht bewältigen zu können glaubt. Also sollte man ihn in Etappen bezwingen.

In meiner Klasse hatten wir vom ersten Schuljahr an vielerlei ‚Bücher' gemalt und geschrieben; Bilderbücher vom Wochenende aus gehefteten Malblockblättern, ein nachgestaltetes Bilderbuch, ein Fotobuch über die eigenen Lebensstationen in Ziehharmonikaform (nach Ute Möller-Andresen) u. a. mehr. Diese Bücher waren entweder Einzelexemplare für unsere Klassenbücherei oder individuell gestaltete Unikate der Kinder, bei denen das Thema und die Abfolge vorgegeben waren. Die Texte wurden jeweils auf liniertes Papier geschrieben, von mir bzw. vom Kind berichtigt und allmählich auch gemeinsam überarbeitet. Manchmal wurden sie dann noch einmal abgeschrieben und zusammen mit den Bildern auf Blätter aus Tonpapier oder Schreibpapier geklebt.

Bei dem Buch über unsere Herbstwanderung planten wir etwas Neues: ein richtiges Buch mit einer Auflage von 25 Exemplaren. Alle Geschichten sollten nach der Zusammenstellung für alle Kinder kopiert werden. Damit hatten wir einige neue Probleme zu lösen. Die Blätter durften nur einseitig beschrieben

Absender:

Name

Vorname

Straße

PLZ/Ort/Zustellbezirk

Datum/Unterschrift

Postkarte

Bitte freimachen

Buchhandlung Elke Dieck
Versandhaus für
Bücher · Spiele · Lehrmittel
Postfach 1329

D—5138 Heinsberg

Wir haben uns um halb zwei an der Schule getroffen. Von da aus sind wir mit Autos losgefahren. Wir haben beim Hohenstein angehalten. Am Weg haben wir uns gesammelt. Unsere Klasse ist zuerst zu den Enten gegangen, und wir haben sie gefüttert. Dann sind wir losmarschiert und haben einen Rundweg gemacht. Ich war zu faul zu gehen und hab einen Riesenhunger gehabt. Wir waren am Berger-Denkmal von 1902. Die Kinder sind die Treppen hochgeklettert und haben von oben nach unten geguckt. Ich bin sofort wieder runtergegangen, weil mir schwindelig war.
Auf dem Spaziergang kamen manchmal Männer im Dauerlauf. Mein Bruder Stephan ist hinter den Männern hergelaufen. Ich bin hingeflogen, weil ich woanders hingeguckt habe.
Ich hab Drolla an der Leine gehabt, das ist Ingos Hund. Als ich mit ihm ganz unten am Wald war, ist Drolla wieder ganz hoch zu seinem Herrchen gegangen. Ich mußte mit Drolla wieder ganz hoch gehen, den ganzen Weg.
Dann sind wir in eine Wirtschaft gegangen. Ich habe mir gleich was bestellt: ein Stück Sahnetorte und eine Limo.
Steffis Vater hat mich nach Hause gefahren mit Tina. Als wir nach Hause gefahren sind auf der Autobahn, da bin ich immer eingequetscht worden, weil Steffis Vater immer eine Kurve gemacht hat.
Das war astschocke!
Reinhold

werden, damit die Rückseiten beim Kopieren nicht durchschienen. Wie in gedruckten Büchern sollten die Texte schwarz auf weiß, ohne Linien, zu sehen sein. Aus Mangel an passenden Stiften schrieben die Kinder nacheinander. An der zur Mitte des Buches zeigenden Seite mußte ein breiterer Rand bleiben, damit nicht Wortteile beim Heften verschwanden. Welche würde aber später die Mittelseite sein? Wir einigten uns auf eine Zeilenbreite von 13 cm, die auf dem Linienblatt markiert wurde, so daß die ‚Fahnen' beim Kopieren passend verschoben werden konnten. (Die Zeilen erwiesen sich als zu lang; einige Kinder schrieben gelegentlich über den Rand.)
Zunächst schrieben alle Kinder ihre Ausflugsgeschichte auf. Je nach Lernstand berichtigte ich Fehler oder markierte Fehlerstellen. An Beispielen besprachen wir inhaltliche und stilistische Mängel, z. B. Wiederholungen, logische Sprünge. Im folgenden Schritt überarbeitete jedes Kind seine Geschichte mit Hilfe von Kreuzchen und untergesetzten Korrekturen. Diese Art des Verbesserns war den Kindern geläufig. Nachdem ich dann diese überarbeiteten Texte gesehen hatte, schrieben die Kinder zunächst diese Fassung ganz auf liniertes Papier, wobei

die Einschübe an die passenden Stellen gesetzt wurden. Nun war ich wieder an der Reihe, die endgültige Fassung auf Fehler hin zu lesen. Schließlich begannen die Kinder damit, ihre Geschichten auf unliniertes Papier abzuschreiben. Manche schrieben ihre Geschichte unaufgefordert mehrmals, bis alle Fehler beseitigt waren und die Schrift ihren Ansprüchen genügte.

Inzwischen hatte Reinhold ausreichend damit zu tun, seine Geschichte — von mir geschrieben — so lange laut zu lesen, bis er sie vorlesen konnte und die immer gleichen Satzanfänge und Verben heraushörte. Anhand einer Wortsammlung bearbeiteten wir gemeinsam den Text. Endlich bemühte auch er sich redlich, ihn sauber abzuschreiben, aber vermutlich aus Überanstrengung geriet alles krakeliger und fehlerhafter als je zuvor. Er schaffte es einfach nicht. Versprochen hatte ich, daß selbstverständlich alle Kinder ihre Geschichte in unserem Buch wiederfinden würden. Also entschloß ich mich, seine Geschichte selbst noch einmal abzuschreiben. Das würde ihn nicht so diskriminieren wie eine fehlerhafte, kaum leserliche Geschichte.

Da wir bereits Anfang Dezember hatten, übernahm ich die technische Fertigstellung, um die Bücher zu Weihnachten austeilen zu können. Warum ohne Elternhilfe, ist mir nachträglich rätselhaft.

Rechtzeitig zum letzten Schultag war die Weihnachtsüberraschung fertig. Trotzdem las Reinhold den Satz erst im Januar vor. Warum vermerke ich das in dieser Schilderung? Weil ich in der Hektik des letzten Schultages vergaß, die sichtbaren Beweise unserer Mühe auszuteilen. Das war nicht astschocke — aber, siehe Anfang!

Gisela Cappel

Schnucki-Putzi-Zeitung

Meine heutige Klasse in Oberhausen habe ich im 2. Schuljahr übernommen. Von Anfang an habe ich gemeinsam mit den Kindern die Klasse eingerichtet. Zur Unterstützung der Selbsttätigkeit stellte ich den Kindern sehr bald eine Freinet-Druckerei in die Klasse. Später kamen Schreibmaschinen und ein Spiritus-Umdrucker hinzu.

Alle Kinder wollten zuerst ihren Namen setzen und drucken. Einige wagten sich danach schon an kleine Sätze. Serif war einer der ersten ‚Spezialisten', die den Kindern, die sich noch nicht an die Druckerei herangewagt hatten, die Vorgehensweise erklärten. Vor allem die türkischen Kinder arbeiteten gerne in der Druckerei. Sie sind auch heute noch die eifrigsten Textproduzenten.

Nachdem eine kleine Sammlung von Texten vorlag, habe ich den Kindern vorgeschlagen, eine Klassenzeitung zu machen. Aber unsere Zeitung sollte auch einen Namen bekommen. Vorschläge wurden gesammelt, besprochen und abgestimmt. Schnucki-Putzi-Zeitung sollte sie heißen! Ich war sehr unglück-

Ich saß auf einem fernen
Erdteil am Strand. Plötzlich
sah ich einen Riesenaffen. Er
schlief. Ich sah, daß er ein
Kingkong war. Ich hatte
Angst. Er hatte riesige
Augen und riesige Zähne.
Da kam ein Mann mit einem
kleinen Affen. Der Mann
hatte Angst, daß der Riese
schlagen wollte. Da machte
der große Affe das Auge
und den Mund auf, daß der
Mann mit dem kleinen Affen
immer mehr Angst bekam!
Er dachte best mmt, der Riesenaffe würde aufstehen.

Serif

DIE FISCHE

Wenn die Gouppies
sich gepaart haben, brauchen sie viel Licht.
Dann wachsen die Jungen
schneller. Und wenn sie
schon größer sind, so
groß wie ein Neonfisch,
dann können sie in das
Aquarium.

Bastian und Alexander

Ich habe mir am Montag, dem 6.1.1984,
den Schneidezahn ausgehauen. Mein Freund
hatte einen Schneeball in das Fenster geworfen.
Und da bin ich auf die Fensterbank
geknallt. Dann sind wir zum Zahnarzt
gegangen. Der hat einen Schutz an den Zahn
gemacht, damit das nicht so weh tut.

Von Bastian

lich über diesen Namen. Dennoch veröffentlichen wir seit zwei Jahren alle sechs bis acht Wochen unsere Schnucki-Putzi-Zeitung.

Die ersten Texte entstanden nach der Ideenfindung durch die Schreiblos-Kartei. „Im Mondlicht lag das Gruselschloß . ." und Serifs Riesenaffentext sind solche Produktionsergebnisse.

Aber bald kamen auch schon andere eigene Ideen. Bastian und Alexander hatten über mehrere Tage immer wieder das Laichbecken im Aquarium der Klasse beobachtet und ihre Wahrnehmungen aufgeschrieben. Bastian kam eines Morgens mit seinem abgebrochenen Schneidezahn in die Schule, im Morgenkreis mußte er von seinem Unfall erzählen. Nachher hat er sein Erlebnis noch auf Matrize geschrieben, eine Zeichnung dazu gemacht und abgezogen.

Durch die Schreibmaschinen und Matrizen werden die Möglichkeiten der Textvervielfältigung ergänzt. Vor allem Illustrationen lassen sich über die Matrizen leichter herstellen.

Jörg probiert in seinem Phantasietext aus, die Schule und mich zu kritisieren, um zu sehen, ob eine solche Kritik gestattet wird. Später hat er sich getraut, seine Kritiken im Morgenkreis auszusprechen.

Verfiixte Schule

Ich und mein Bruder, wir schwänzen ab und zu die Schule. Zur Strafe mußten wir einen Aufsatz über die Schule schreiben. Ich habe geschrieben: Die Schule ist doof. Da hat der Lehrer geschrien, daß die Wände wackelten. Die ganze Schule hat gelacht, nur wir konnten nicht lachen.

Jörg Plenert

Im Mondlicht lag das Gruselschloß. Im Schloß war ich gefangen. Endlich konnte ich das Schloß aufbrechen. Plötzlich schlug die Uhr 12. Auf einmal sah ich von weitem einen Geist kommen. Es war Graf Dracula. Ich woilte mich verstecken, aber von hinten kamen drei andere Geister. Christian

Spannend ist auch immer die Gestaltung der Titelseite der Zeitung. Anfangs habe ich oft Vorschläge gemacht (Text mit Stempelschrift, selbstgeschöpftes Umweltpapier bedrucken, Illustration mit Matrize). Später übernahm eine Gruppe oder ein einzelnes Kind die Gestaltung der Titelseite.

So ist das Schreiben von eigenen ‚freien‘ Texten, die *alle* in der Klassenzeitung veröffentlicht werden können, zum festen Bestandteil der Arbeit der Klasse geworden. Die Kinder erleben hier, wie aus ihren selbstgeschriebenen Texten über die Korrektur (mit Hilfe von Wörterbuch, Lehrerkorrektur, Partnerkorrektur, Verbesserung im Klassengespräch), über das Setzen der Texte oder das Schreiben auf Matrize, über das Drucken oder Vervielfältigen, das Aussortieren, Zusammenlegen, Heften oder Binden schließlich ihre fertige Zeitung wird. Diese verteilen sie an die anderen Klassen, schicken sie an unsere Partnerklassen, verschenken sie an Besucher und nehmen sie ihren Eltern mit nach Hause.

Auf unsere Schnucki-Putzi-Zeitung sind wir immer sehr stolz.

Rolf Wagner

Gedichte nachgedichtet

Im dritten Schuljahr wurden wir stolze Besitzer einer Freinet-Druckerei. Leider sind die Buchstaben sehr groß, so daß auf DIN A 5-Seiten nicht sehr viel Text zu drucken ist. Für die langen Geschichten des dritten Schuljahres ist die Druckerei nicht geeignet.
Daher haben wir Gedichte nachgedichtet und gedruckt.
Bei ‚avenidas' von Eugen Gomringer (aus: worte sind schatten, hersg. von helmut heißenbüttel, Reinbek 1969) schrieb ich kommentarlos das Originalgedicht an die Tafel. Es gab Rätseln und Raten, die Kinder entdeckten Gemeinsamkeiten, gleiche

avenidas
avenidas
y flores
flores flores
y mujeres
avenidas
avenidas
y mujeres
avenidas
y flores Y
muieres Y
un admirador

Wörter. Farbige Markierungen hoben die Struktur heraus. Dann erst gab es Übersetzungshilfen.
Unsere Nachdichtungen druckten wir. Für jedes beteiligte Kind stellten wir ein eigenes Exemplar her. Die ersten Druckversuche brachten mir ebenso viele Schwierigkeiten wie den Kindern. Uns fehlten noch ausreichende Setzhölzer mit ‚Spiegeln'. So wurde das Korrekturlesen schwierig: Es kam immer wieder vor, daß wir erst beim dritten Druckexemplar einen Druckfehler bemerkten. Auch meine Augen mußten erst lernen, auf die Druckfehlerteufel zu achten, weil sie zu sehr an Schreibschrift gewöhnt sind. *Monika Dräger*

Geburtstag

Geschenke
Geschenke
und Torte
Torte Torte
und Limo
Geschenke
Geschenke
und Limo
Geschenke
und Torte
und Limo
und eine
Kamera

Fliegende Fische

Bücher zu produzieren, darin hatten die Kinder und Lehrer der zweiten, dritten und vierten Klasse bereits einige Erfahrungen. Erste Bücher hatten die Texte noch in der Handschrift der Schüler wiedergegeben, für den Leser nicht immer ein Lesevergnügen trotz des Bemühens um „Schönschrift". Spätere Schülerbücher wurden mit Beltz-Stempelkästen geschrieben, das war schon ein Fortschritt. Nun sollte etwas Neues versucht werden. Eine Freinet-Klapppresse war angeschafft worden, dazu zwei verschieden große Schriften. Die Schülerinnen und Schüler einer Druckarbeitsgemeinschaft hatten erste Versuche als Schriftsetzer und Drucker unternommen, sie hatten Namensschilder und kürzere freie Texte gesetzt und gedruckt, jetzt sollte eine größere Arbeit, ein Buch in einer Auflage von etwa 150 Exemplaren, entstehen.
Es gibt zahlreiche Schreibanlässe. Das Problem besteht jedoch häufig darin, eine Thematik zu finden, die einerseits als Klammer bindet, andererseits aber auch eine große Breite in der Bearbeitung zuläßt. Wir entschieden uns für das Thema ‚Tiere' und für die Form ‚Reime'. Über Tiere weiß jedes Kind zu be-

FLIEGENDE FISCHE
Reimereien

Ein Schülerbuch der
Grundschule Negenborn

Band 6
in der Reihe der
Negenborner Schülerbücher

Alle Rechte bei
Grundschule Negenborn
Juni 1984

5

Eine fette Schnecke
kroch unter eine Hecke.
Da traf sie noch 'ne Schnecke:
Das ist doch meine Hecke
Ju alte fette Schnecke.

Simone Lönneker

richten, und das Prinzip des Endreimes ist Grundschulkindern leicht einsichtig und verfügbar zu machen.

Innerhalb weniger Tage entstanden — zum Teil in Einzel-, zum Teil in Partnerarbeit — zahlreiche ‚Gedichte'. Getextet wurde in der Schule, nicht unbedingt aber im Unterricht. Pausen können produktive Reimschmieden sein, Sprachbasteleien gedeihen gut beim Spielen und beim Albern. Auf jeden Fall wurde jedoch Elternmitarbeit ausgeschlossen; die *Kinder* sollten Sprache gestalten, *ihre* Sprache sollte sich in dem Schülerbuch wiederfinden und nicht die der Erwachsenen.

Das Drucken der Reime war das eigentlich Neue. Wir entschieden uns für eine kleinere Antiqua-Schrift, um auch längere Texte jeweils auf eine DIN A 5-Seite zu bekommen. Buchstaben entgegen der normalen Schreibrichtung von rechts nach links zu Wörtern ordnen, sie seitenverkehrt zu lesen (Ist das ein b oder ein d?) und dann auch noch die einzelnen Zeilen zu einem sauberen Schriftblock zu montieren, das alles erforderte schon eine gehörige Portion Konzentrationsvermögen von den acht- bis zehnjährigen Schulkindern.

Bei den Illustrationen sollte mit sogenannten Milchtütendrucken ebenfalls etwas Neues versucht werden. Einfache Tier-

8

Vor einer Schlange
wird mir bange

Jens Biermann

36

Eine Kuh sagt zum Schwein:
Du bist ja gar nicht rein!
Da antwortet das Schwein:
Das will ich auch nicht sein.

Bianka Radtke

formen wurden aus H-Milch-Verpackungstüten ausgeschnitten und so auf Holzbrettchen geklebt, daß die Aluseite sichtbar blieb. Anschließend sägte ein Vater (Tischler- oder Heimwerkerväter gibt es in jeder Klasse) die Bretter entsprechend der aufgeklebten Tierform aus. Mit den so entstandenen Stempeln wurden dann die Illustrationen gestempelt (vgl. Band 10!).
Wenn die Text- und Bildseiten fertig sind, stellt sich für den Lehrer in der Regel die ‚Gewissensfrage' nach dem Einband. Wer soll die losen Blätter zum Buch machen? Die Kinder, der Lehrer, Eltern oder vielleicht auch alle gemeinsam? Darin liegt auch die Frage nach dem Verhältnis von Inhalt und Verpackung und die Frage nach der Kindgemäßheit des ganzen Buches. Welche Anteile sollen Erwachsene überhaupt an dem Schülerbuch leisten? Bei den „Fliegenden Fischen" haben wir uns für den Einband und Umschlag als Lehrerleistung entschieden. Ein wenig spielte da auch die — vielleicht gar nicht berechtigte — Befürchtung mit, eine von den Kindern gestaltete Verpackung könnte der Qualität des Inhalts nicht entsprechen. Schlicht stellten wir uns den Einband vor, er sollte auf keinen Fall die Leistung der Schulkinder verdrängen, doch neugierig machen, ermuntern, das Buch in die Hand zu nehmen. Ein einfarbiger Umschlag aus Ingres-Bütten mit aufgeklebtem Titelschild — ähnlich einem Schulheftetikett — hielten wir für angemessen.

Hartmut Kulick

Zum Muttertag

Nichts Besonderes, nichts Aufwendiges, nichts Künstlerisch-Kreatives — aber von den Kindern mit Begeisterung und viel Sorgfalt gemacht und von den Müttern mit Rührung und Lob angenommen: das war unser kleines „Muttertagsbuch".
Zwei DIN A 4-Buchdeckel aus weißer Pappe, dazwischen bunte Seiten, alles gelocht und mit einem Wollfädchen zusammengebunden. Auf die Innenblätter schrieben die Kinder Mutter-

tagsgedichte. Aus etwa acht verschiedenen Gedichten, die ich vorher gesammelt und mehrfach kopiert hatte, konnten sie ihre Wahl treffen. Nicht das kürzeste wurde der Schlager! Das vordere Deckblatt erhielt eine große Überschrift: „Zum Muttertag". Drum herum kribbelten und krabbelten lauter kleine Marienkäfer; die Körper getropft mit roten Kerzen, daran Kopf mit Fühlern und sechs Beinchen gemalt mit schwarzem Filzstift. Diese Käfer machten den Kindern besonders viel Spaß.

Das hintere Deckblatt schmückten die Kinder mit Tulpenmotiven im Siebdruckverfahren. Tulpenschablonen ausschneiden, mit der Wasserfarbe beim Spritzen vorsichtig umgehen, verschiedene Farbtöne gebrauchen — das hatten sie vorher schon auf dem großen Zeichenblock erprobt. Auf der Buchseite gelangen ihnen nun mühelos wunderschöne Bilder.

„Und als ich meiner Mutter das Buch gab und das Gedicht aufsagte, da hat sie geweint, meine Mutter, richtig geweint," erzählte Dennis danach in der Schule.

Gretel Herzog

Grundschüler sind besonders ansprechbar, wenn es um Tiere geht. Keines, das nicht ein Tier hat oder zumindest sich eines wünscht!
Besonders junge Tiere können dem Kind das Gefühl vermitteln, gebraucht und stark und groß zu sein und nicht nur klein und hilfsbedürftig. Wo Kinder innerlich beteiligt sind, sind sie auch bereit, sich zu äußern.
Wenn ich meine Schüler bitte, ein Tierbild mitzubringen, das ihnen besonders gefällt, wird dieser Vorschlag mit großem Hallo begrüßt.
In der nächsten Stunde zeigen wir einander dann unsere Bilder, sprechen im Sitzkreis darüber, was wir auf den Bildern entdecken können, was uns gefällt. Manche Schüler bringen ganz nebenbei erstaunlich viel Detailwissen mit ein.
Selten nur ist es reiner Zufall, welches Bild ein Kind für sich auswählt. Das wird sehr deutlich, wenn sie ihre kleinen Texte

Auf dem Bild ist ein
Hund. Er sitzt auf
dem Boden. Er hat ein
schwarzes Fell, er ist
schön. Ich habe ihn
sehr lieb. Er hat braune
Augen und einen
schönen strubbeligen
Schwanz. Er ist an
der Leine.

dazu schreiben. Man muß nur Augen und Ohren offen halten, dann tritt manche kindliche Botschaft zutage.
Oder ist es nicht geradezu erschütternd, wenn der einsame Sebastian schreibt: „Die Hasen sind im Käfig. Sie fühlen sich wohl. Sie sind zu dritt."
Manuela hat ein Bild mitgebracht, auf dem sie mit dem Nachbarhund zu sehen ist. „Ich habe ihn sehr lieb!" schreibt sie dazu. Wenn man weiß, daß Manuela wegen ihres allergiekranken kleinen Bruders kein Haustier haben darf, erkennt man, aus welchen Tiefen dieser Satz kommt. (Daß wir uns inzwischen mit Arzt und Eltern auf eine Schildkröte für meine Manuela geeinigt haben, hat sie glücklich gemacht.)
Sonja, die in desolaten Familienverhältnissen lebt, sucht sich ein Bild von einer Entenfamilie aus: „Mit ihren 16 Küken ist die Flugente vergnügt. Und ihre Küken sind auch vergnügt." Solche Äußerungen machen mich traurig und handlungsfähig zugleich. Ich möchte sie nicht missen, diese Möglichkeit, etwas über meine Schüler zu erfahren.

Ingrid Bitter

Flugente mit Küken
Die Flugente sitzt auf
Gras. Mit ihren 15 Küken ist
die Flugente vergnügt.
Und ihre Küken sind auch
vergnügt. Die Küken sind
gelb und mäche Küken braun.
Sonja

Zum Beispiel Niedersachsen

„Die Grundschule muß den Schülern erfolgreiches Lernen ermöglichen und sich bemühen, ihre Lernfreude zu erhalten. Dazu ist unerläßlich, die individuellen Lernfähigkeiten der Schüler anzusprechen, den handelnden Umgang mit Lerninhalten besonders zu berücksichtigen und insgesamt die Lern- und Leistungsbereitschaft anzuregen."
(Die Arbeit in der Grundschule; Erlaß vom 7. 5. 1981, 2.5)

„Im projektorientierten Unterricht setzen sich die Schüler mit Fragen aus ihrem Interessen- und Lebensbereich, mit Ereignissen im Klassen- und Schulleben und mit aktuellen Anlässen auseinander. Sie bestimmen und planen zunehmend selbst ihre Themen, Ziele, Aufgaben und Arbeitsweisen in einem gruppenbezogenen Lernprozeß."
(Die Arbeit in der Grundschule; Erlaß vom 7. 5. 1981, 3.)

„Wo immer es möglich erscheint, sollte Lesen mit Schreiben verbunden werden, da sich beide Vorgänge nachhaltig gegenseitig unterstützen.
Das Lesen sollte aber auch zum Sprechen, Spielen, Erzählen, Vorlesen usw... in Beziehung gesetzt werden... Eine solche Verbindung gelingt besonders dadurch, daß man den eingeführten Leselehrgang durch Texte aus der Situation der Schüler erweitert..."
(Rahmenrichtlinien für die Grundschule, Deutsch, Lesen, 1./2. Schuljahr, Hinweise zum Unterricht)

„Der Unterricht im Lernbereich ‚Texte verfassen' soll bewirken, daß die Schüler selbständiges Schreiben als nützliches und kreatives Sprachhandeln erfahren. Sie sollen im Unterricht zum Schreiben motiviert und befähigt werden, auch außerhalb der Schule zu schreiben...
Ergebnisse solcher freien Arbeiten ... können Mitschülern und Eltern in Klassenzeitungen oder in einem Geschichtenbuch zugänglich gemacht werden." *(Rahmenrichlinien für die Grundschule, Deutsch, Texte verfassen, 3./4. Schuljahr, Hinweise zum Unterricht)*

Viertes Kapitel
Klasse 4

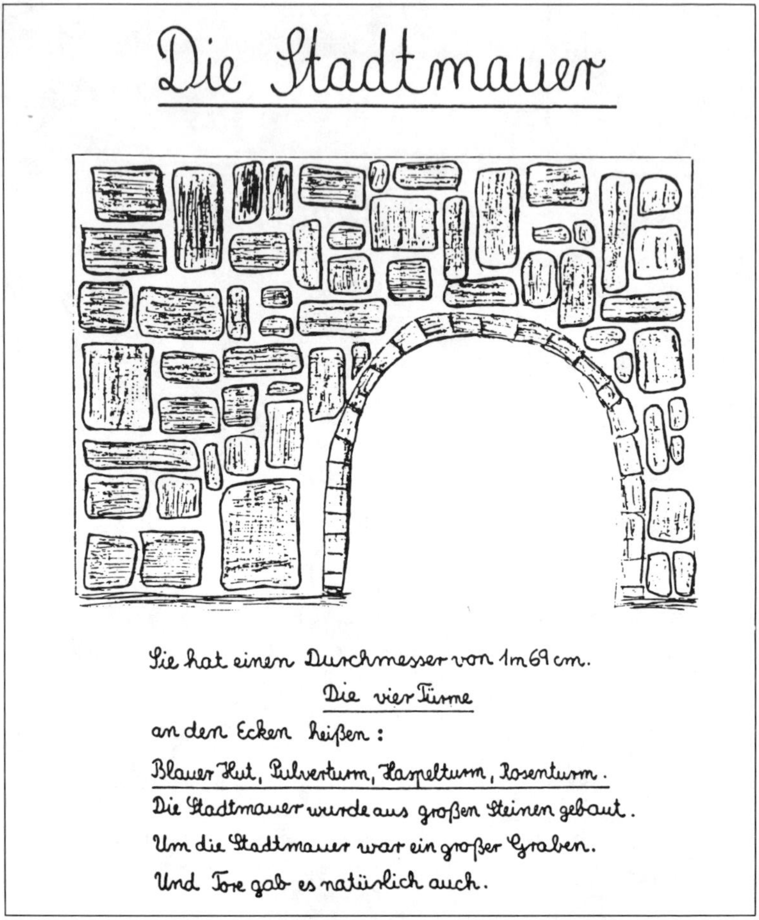

Eine Klasse macht Geschichte(n)

Die UE „Unsere Stadt" weckte Neugier. Die interviewten Eltern, Großeltern, Urgroßeltern hatten jeweils andere Kindheitserinnerungen an unsere oder ihre Stadt. Wie aber war das Leben davor, noch früher, ganz früher?
In offenem Unterricht wurden einzelne Epochen erarbeitet.
Die Kinder „stöberten, lasen, interviewten, malten, schrieben,

bastelten,. . .“ (s. Vorwort). Es entstanden eine Wandzeitung und eine prächtige Ausstellung mit prähistorischen Tieren aus verschiedenen Materialien, Steinzeitbehausungen, Ritterburgen, Utensilien aus der Ritterzeit usw.

Als es galt, die Wandzeitung abzubauen, um für das nächste Thema Platz zu haben, war großes Bedauern in der Klasse. „Schade, wir wollen die Blätter hängen lassen, aufheben. . .“

Der Gedanke des Konservierens entstand, des Vervielfältigens, der Buchform.

Wenn schon ein Buch gemacht werden sollte, war auch noch Platz für andere interessante Themenbereiche: aus der weiten Welt, aus der Kunst o. ä.

Die Zeit des Vorschlagens, des Sammelns, des Aussortierens begann. Zwei Tage vor Schuljahresende waren die letzten Seiten der ausgewählten Beiträge kopiert, die Blätter sortiert und geheftet. Jedes Kind konnte ‚sein‘ Buch mit nach Hause nehmen. Das Werk galt als gelungen. *Herta Werner*

Siehe auch ‚Zeitung über Gladenbach‘, Kap. 3; ‚Heimatbuch‘, in diesem Kapitel

Warum hatte der Neandertaler krumme Beine?

Viele Neandertaler-Skelette aus Westeuropa haben krumme Beine. Im Süden aber fand man Skelette mit geraden Beinen. Die Vorgeschichtler (das sind Leute, die sich mit der Steinzeit beschäftigen (wie wir)) glauben nun, daß die Menschen mit den geraden Beinen in den Wärmezeiten zwischen den Eiszeiten gelebt haben. Die krummbeinigen Neandertaler aber haben an Rachitis gelitten, das ist eine Krankheit, die durch Vitamin D-Mangel entsteht. Vitamin D kann der Mensch mit Hilfe der Sonne selbst erzeugen. In der Eiszeit aber gab es in Europa wenig Sonnenschein. Außerdem mußten die Menschen wegen der Kälte ihre Haut mit Pelzen schützen.

Auf der Burg Stolzeneck haben einmal ein Ritter u. seine Schwester gelebt. Eines Tages mußte der Ritter in den Krieg. Ein paar Tage später kam ein fremder Ritter, der die Prinzessin heiraten wollte. Die Prinzessin aber liebte ihn nicht. Darauf wurde der fremde Ritter böse, und er sperrte sie ins Verlies. Er gab ihr auch nichts zu essen und nichts zu trinken. Doch sie hatte einen zahmen Raben, der ihr Beeren und Nahrung brachte. In dem Verlies gab es nur ein ganz kleines Fenster, durch das nur er kommen konnte. Eines Tages kam der Bruder der Prinzessin zurück, und als er erfuhr, was geschehen war, forderte er den fremden Ritter zum Zweikampf heraus. Doch der Bruder war abgekämpft vom Krieg, und er hätte beinah verloren, wenn der Rabe nicht gewesen wäre. Er stürzte sich auf den fremden Ritter und kratzte ihm die Augen aus.

In der Burg war früher ein unterirdischer Gang. Wenn die Ritter auf dem Neckar Schiffe sahen, stürmten sie den Gang hinunter, der bis zur heutigen Töpferei Schliesler ging, und raubten die Schiffe aus. Das Diebesgut brachten sie wieder durch den unterirdischen Gang zur Burg. Eines Tages wurde die Burg Stolzeneck von fremden Rittern gestürmt. Die Ritter der Burg konnten sich durch den unterirdischen Gang retten. Sie selbst schütteten den Gang zu. Seitdem ist der Gang nicht wieder freigeschaufelt worden.

Der Rattenfänger von Hameln

Bücher über die Rattenfängersage gibt es viele, die Machart ist meistens konventionell. Unser Buch ist da keine Ausnahme. Das war von vornherein klar. Aber neugierig machte mich der Versuch, weil wohl noch nie 27 Autoren, dazu noch Kinder, gleichzeitig dies Buch geschrieben und gezeichnet haben. Kurz: Der Reiz lag für mich in der Kooperation, wobei neben der gemeinsamen Arbeit noch eine andere Dimension bedeutsam war: Ältere Schüler sollten Lese- und Bilderbücher für Schulanfänger machen. Das paßte nicht nur in mein Eigenfibelkonzept, das ließ sich im Schuljahr 1980/81 auch zufällig praktizieren, weil ich vier Klassen im Fach Kunst unterrichtete. Die folgende Arbeitsskizze gibt einen Einblick in die technische und kooperative Bewältigung des Vorhabens.
Die Kinder — sie waren im 4. Schuljahr — kannten die Rattenfängersage. Sie wurde durch Lektüre um Einzelheiten ergänzt. Bildvorlagen sollten nicht benutzt werden. Die Arbeit beanspruchte zehn Doppelstunden und war nach mehreren Unterbrechungen nach drei Monaten abgeschlossen.

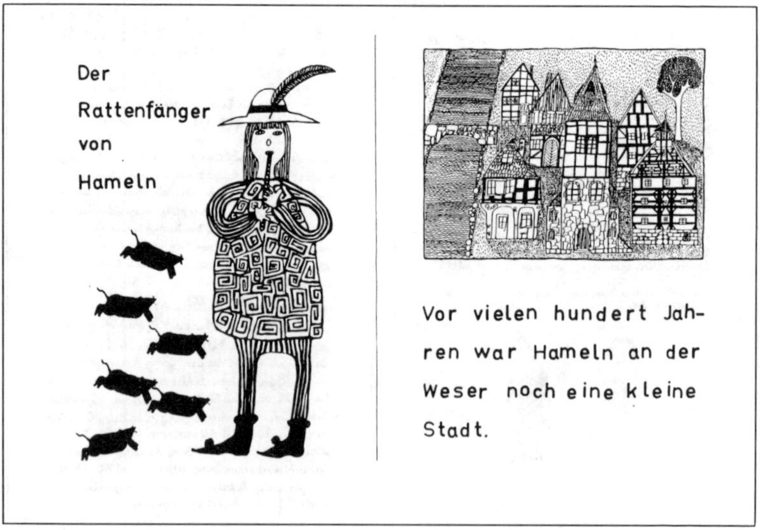

Zum Arbeitsverlauf:

1. Festlegung der Szenenfolge
   Nach gründlicher Lektüre der Sage wurde die Szenenfolge in Kurztitel aufgelistet.
2. Unter der Leitfrage: Was könnte auf diesem Bild alles zu sehen sein ? wurden Einzelmotive aufgezählt und dem Kurztitel als Motivkatalog zugeordnet.
3. Zeichnerische Darstellung der Einzelmotive
   Es bildeten sich Interessengruppen. Sie zeichneten z. B. alte Häuser, Ratten, Nahrungsmittel, Kellerräume, Leute, die essen, den Bürgermeister, den Rattenfänger usw.
   Alle Motive wurden ausgeschnitten, nach den Motivkatalogen zusammengeklebt und sodann in Originalgröße und verkleinert kopiert. Die Kopien wurden unter dem entsprechenden Kurztitel abgeheftet und im Klassenraum ausgelegt. Eine Spezialistengruppe glich Unterschiede in der zeichnerischen Darstellung mehrfach auftretender Personen (z. B. des Bürgermeisters und des Rattenfängers) aus.
4. Montage der Motive zu Bildkontexten
   Als bildnerisches Problem stand für die Arbeitsgruppen

Sogar die Katzen liefen weg.

Die Leute schlugen viele Ratten tot.

(nicht unbedingt identisch mit den Interessengruppen) die Herstellung von Beziehungszusammenhängen zwischen den einzelnen Formfiguren im Vordergrund. Bei der Lösung des Figur-Grund-Problems konnte besonders das Mittel der Größenkontrastierung genutzt werden. Mit den ausgeschnittenen Motiven ließen sich verschiedene Figurenkonstellationen durchspielen, ehe die endgültige Gruppierung in eine umrahmte Fläche auf ein DIN A 4-Blatt geklebt wurde. Durch die Montagearbeit ergaben sich aber noch zusätzlich inhaltliche und technische Gestaltungsaspekte. Aus den Motiven konnten auch neue szenische Zusammenhänge erfunden werden. Zunächst nicht vorgesehen waren z. B. die flüchtende Katze oder die ertrinkenden Ratten.
Einzelne Figuren mußten auch für die Szenenzusammenhänge gestisch und mimisch verändert werden, wie etwa der wütende Rattenfänger. Das geschah durch Überkleben oder Retouschieren.

5. Textentwurf
   Mit der Fertigstellung der Bilder wurde die Arbeit am Rattenfängerbuch für einige Wochen unterbrochen. In dieser Zeit hatten die Kinder Gelegenheit, die in der Klasse ausgehängten Bilder zu betexten. Ein gemeinsames Gespräch legte dann die endgültigen Bildtexte fest.
6. Typografische Gestaltung
   Mit Buchstabenstempeln ohne Leiste druckte jede Gruppe (teilweise neu formiert) ihren Text auf ein gesondertes Blatt. Da für das Buch die Bildbreite als Textgrenze festgelegt war, mußten die Wörter nach dem Druck noch einmal ausgeschnitten und zusammengelegt werden. Häufig war es auch notwendig, Korrekturen an den Wörtern selbst vorzunehmen, weil die Wortgestalt durch Fehlplazierungen der Buchstaben entstellt worden war.

Wirkung auf die Leser

Von allen bisher entstandenen Heftchen erwies sich das Rattenfängerbuch als das weitaus attraktivste.

Lange Zeit regte es die Kinder zu Gesprächen und selbstorganisierten Leseübungen an. Für Leseschwache waren die Bilder eine gute Hilfe für die inhaltliche Antizipation der Texte. Lesestärkeren hätte es offensichtlich auch Spaß gemacht, die Texte zu den Bildern selbst zu formulieren und aufzuschreiben. Ein Bilderbuch, in das man selbst schreibt, könnte eine Variante des Heftes sein.
Auch Erwachsene schenkten dem Heft viel Aufmerksamkeit. Bei selbst organisierten Kinderbuchausstellungen ließen sich viele Exemplare verkaufen. *Günter Ritter*

Wie meine Mutter oder mein Vater als Kind Weihnachten feierte

In der Klasse 4 unterrichte ich die Fächer Sprache und Musik. Ich stehe als Fachlehrerin eigentlich immer etwas unter Zeitdruck, wenn ich kleinere oder größere Vorhaben mit den Kindern durchführen möchte. Das wissen die Kinder. Trotzdem wollten wir, wie schon im dritten Schuljahr, auch in diesem Jahr den Eltern etwas Selbstgeschriebenes zu Weihnachten schenken. Vom Umfang her konnte dieses nur bescheiden sein, denn die Klassenlehrerin, die Kinder und ich hatten auch noch eine Weihnachtsfeier für die Eltern vorzubereiten.
Wir besprachen mögliche Inhalte in Kleingruppen, stellten unsere Ergebnisse vor und einigten uns darauf, ein Gedicht zu schreiben und die Eltern zu fragen, wie sie als Kinder Weihnachten feierten. Darüber wollten wir Geschichten schreiben. Das Ausfragen von Mutter oder Vater mußte geschickt gemacht werden, denn das kleine Buch sollte ja eine Überraschung sein.
Jedes Kind wollte seinen Eltern *nur seine eigene Geschichte*

schenken, so daß der Umfang auf *ein paar Seiten* beschränkt blieb. Die Geschichten aller Kinder sowie Fotos mit den fertigen Ergebnissen sammelten wir später in unserer Geschichtenmappe, in der alle möglichen Texte der Schüler wie auch Fotos aufbewahrt werden.

Der umgefallene Weihnachtsbaum

Meine Oma hat mir erzählt, was einmal passierte, als sie mit ihren Kindern, meinem Vater und meiner Tante, Weihnachten gefeiert hat. Denn das war so: Damals hatten sie nur zwei Räume, ein Schlafzimmer und eine Küche. In der Küche stand ein Sofa, daneben stand der Weihnachtsbaum. Meine Tante wollte auf das Sofa steigen und herunterspringen. Doch da war es schon geschehen! Sie ist wohl irgendwie an den Weihnachtsbaum gestoßen und mit ihm umgefallen. Alle Weihnachtsbaumkugeln waren kaputt.
Ich nehme an, daß meine Tante zu schimpfen gekriegt hat. Das war das traurige Ende von dem Weihnachtsbaum und den Kugeln.

Vorarbeiten zum Gedicht

1. Was fällt uns zu Weihnachten alles ein?
   Die Kinder schrieben mit dem Partner auf kleinere, farbige Blätter alle Wörter auf, die ihnen zu Weihnachten einfielen: Kerzen, Geschenke, Gebäck, Glocken. . . Zwei Mädchen begannen zu reimen: Weihnachtsbäume, Weihnachtsträume; Weihnachtsgedichte, Weihnachtsgeschichte.
2. Aus Wörtern werden Reime
   Eigentlich wollten wir die Wörter zu Weihnachten nach bestimmten inhaltlichen Gruppen ordnen und sie dann von der äußeren Form her wie ein Gedicht gestalten. Doch da Maria und Yvonne zu reimen begonnen hatten, gefiel den Kindern diese Art viel besser.
   Der Text des Weihnachtsgedichtes entstand dann durch viel Probieren unter meiner Mithilfe.

Schritte zum Entstehen der Geschichten

1. Wir fragen die Mutter oder den Vater
   Die Kinder entschieden sich, wen von ihren Eltern sie nach den Weihnachtserinnerungen fragen wollten. Einige Punkte

für das Ausfragen besprachen wir gemeinsam und notierten sie. Als Begründung für die Eltern dachten sich die Kinder aus: „Wir wollen in der Schule darüber sprechen, wie unsere Eltern als Kinder Weihnachten feierten."

2. Wir erzählen mündlich, was wir erfahren haben
   Als Vorbereitung für das Aufschreiben der Geschichten berichteten einige Kinder zunächst im Kreis, was sie von ihren Eltern erfahren hatten. Jedes Kind erzählte dann dem Partner seine Geschichte.
   Zwei Mütter hatten ihre Erinnerungen auf eine Cassette gesprochen. Wir hörten sie an und hielten anschließend einige wichtige Regeln fest, die wir beim Aufschreiben der Geschichten beachten wollten.
3. Wir schreiben die Entwürfe
   Hierfür erhielten die Kinder auf einem Arbeitsblatt die vereinbarten Regeln sowie Wörter als Rechtschreibhilfen.
4. Wir überarbeiten unsere Geschichten
   Nachdem ich die Entwürfe korrigiert hatte, tauschten die Kinder ihre Geschichten zunächst mit dem Partner, besprachen Unklarheiten und änderten entsprechende Textstellen. Dann hörten wir uns im Kreis einige Geschichten an. Wer vorliest, sitzt auf dem großen Vorlesestuhl!
   (Auswahl der Texte: Jedes Kind sagt der Reihe nach die fortlaufende Zahl. In einem Korb sind entsprechende Karten mit Nummern. Wessen Nummer aus dem Korb gezogen wird, darf vorlesen.)
5. Wir schreiben die Texte in Reinschrift
   und stellen das kleine Buch zusammen
   Die Texte wurden teils in der Schule, teils unter Geheimhaltung zu Hause abgeschrieben und verziert.
   Den Engel auf der Umschlagseite stellte die Klassenlehrerin im Kunstunterricht her. Zum Schluß packten die Kinder ihre Geschenke sorgfältig in Weihnachtspapier ein.

Ingrid Niedersteberg

Heimatbuch

Gleich nach meinem Studium in Frankfurt wurde ich auf einem winzigen Ort (etwa 900 Einwohner) eingesetzt, von dessen Existenz ich vorher noch nie etwas gehört hatte. Die Verkehrsverbindung war miserabel. Der Fremdenverkehr — über ein Verkehrsamt wollte ich an Informationen über meine neue Heimat kommen — steckte noch in den Kinderschuhen. Wie aber „die Kinder abholen“, wenn ich gar keine Ahnung davon hatte, wo sie sich „befanden“ und ich sie auch oft wegen ihres Dialektes nicht verstand?

Also wurde ich zur Lernenden. In Gottfried Schröters „Schon morgen mit der Gruppenarbeit beginnen“ hatte ich viele Anregungen erhalten, wie ein Projekt „Wir schreiben ein Heimatbuch“ verwirklicht werden könnte.

Ich stellte zuerst einmal Fragen zusammen, die mich zu meinem neuen Wohnort interessierten. Im Kreisgespräch sammelte ich alle Einzelheiten, von denen mir die Kinder des dritten/vierten Schuljahres von sich aus berichten wollten. Anstoß gaben Fragen wie: „Was gefällt euch hier besonders? Was zeigt ihr euren Besuchern? Worin unterscheidet sich unser Ort von den Nachbargemeinden?“ Dadurch erhoffte ich auch Bereiche zu erfassen, die mir auf Grund meiner Fremdheit nicht abfragbar waren. Bald hatten wir eine lange Liste von Forschungsaufträgen zusammen, denn die Kinder mußten erkennen, daß sie viele von meinen Fragen auch selbst nicht beantworten konnten. Zu den an der Tafel gesammelten Stichwortfragen schrieben wir nun die evtl. möglichen Informationen und verteilten sie dann an je zwei bis drei Kinder. Die ausführlichen Arbeitsaufträge versah ich mit einer Erklärung: Die Kinder seien von der Schule beauftragt, diese Fragen zu klären, und der Gesprächspartner werde herzlich gebeten, unser Vorhaben zu unterstützen.

Im Rollenspiel übten wir die Interviewpraxis ein und das No-

Lesen Sie weiter auf Seite 156

Joachim Werner, Christiane Diehl

Medenbach im Krieg

Arbeitsauftrag: Versucht zu erfahren, wie sich der 1. und 2. Weltkrieg auf Medenbach ausgewirkt hat. (Bombenangriffe, Besatzungsmacht, wieviel Kriegsverletzte, Tote?)
Nehmt Notizblock und Bleistift mit. Einer fragt, der andere schreibt mit.
In der Schule formt einen interessanten Bericht über eure Ergebnisse.

Bericht: Im Jahre 1914-1918 wurden in Medenbach 16 Männer tot oder vermißt gemeldet. Von 1919 bis 1938 war Frieden. Aber im Jahr 1939 brach der 2. Weltkrieg aus. 31 Einwohner kehrten aus dem Krieg nicht mehr zurück.
Im Jahre 1945 wurde das Bürgermeisteramt von Maschinengewehrschüssen getroffen. Es brach ein Feuer aus. Aber Bewohner von Medenbach löschten es gleich.

Als die Amerikaner unser Dorf besetzten, waren sie sehr anständig zu den Bewohnern.
Ebenfalls im Jahre 1945 sollten Bomben auf Medenbach geworfen werden. Aber sie fielen nur in den Wald und richteten keinen Schaden an. Ein Einwohner Medenbachs kam durch eine Bombe ums Leben.
Mit der Hungersnot war es im 1. Weltkrieg noch nicht so schlimm wie im 2. Weltkrieg. Dank der guten Landwirtschaft konnten sich die Leute noch einigermaßen ernähren.

Birgit Gail:

Medenbacher Wörterbuch

<u>Arbeitsauftrag</u>: Fertige ein mindestens dreiseitiges Wörterbuch an. Links die Mundart, rechts Hochdeutsch.

<u>Ausführung</u>:

A.

Appel	Apfel
Ache	Auge
Aff	Affe
all	alt

B.

Bam	Baum
Baa	Bein
Bod	Bad
bloo	blau

D.

Doos	Dose
dau	du
dach	dich
domm	dumm

E.

Eise	Eisen
Ajer	Eier
Ach	Eiche
Ader	Eiter

F.

Fowe	Farben
Fochs	Fuchs
fruh	froh
Fassennocht	Fastnacht

G.

Gowel	Gabel
Geft	Gift
Gros	Gras
grü	grün

H.

hegeln	häckeln
Hoot	Hut
Homer	Hammer
Hoos	Hase

I.

immor	immer
ens	ins
impfe	impfen

J.

Jäjer	Jäger
Jaad	Jagd
Judd	Jude
jauchze	jauchzen

K.

Kend	Kind
klope	klopfen
Klompe	Klumpen
Kurel	Kugel

L.

Lab	Laub
lafe	laufen
lewe	leben

M.

Madche	Mädchen
Meh	Mehl
Master	Meister
Metor	Meter

N.

Nachbor	Nachbar

Hartmut Rehorn, Wolfgang Henrich:

Wie es zur Jugendzeit unserer Vorfahren aussah

Arbeitsauftrag: Besucht den ältesten Einwohner von Medenbach und fragt ihn nach seinen Jugenderinnerungen (Schulverhältnisse, Sport, Preise, Licht, wie sah es im Dorf aus, wann kam das 1. Fahrrad, wann das 1. Auto nach Medenbach, wann überflog erstmals ein Flugzeug das Dorf, gab es in der Schule Ausflüge, Fußballspiele, Schläge. Wie lange dauerte die tägliche Schulzeit? Wie wurde Hochzeit, Taufe, Konfirmation gefeiert?)

Schreibt Euch vorher mindestens noch 10 weitere Fragen auf, die Ihr stellen wollt.

Nehmt einen Notizblock und Bleistift mit. Vergeßt das Anklopfen nicht und seid auch sonst sehr höflich!

Einer fragt, der andere schreibt mit.

In der Schule formt Ihr aus Euren Aufzeichnungen einen möglichst spannenden Bericht. Vielleicht gelingt es Euch sogar, Bilder aus früheren Zeiten zu bekommen, die dazu passen.

Viel Spaß!

Bericht:

Heinrich Cunz, Metzgermeister, wurde am 26.10.1879 in Merkenbach geboren. Er heiratete am 30.11.1902 ein Mädchen, Bertha Konrad, aus Medenbach. Er weiß vieles zu erzählen.

Als er zur Schule ging, gab es folgende Schulzeiten: im Winter von 8 bis 12 Uhr und nachmittags von 13 bis 15 Uhr; im Sommer von 7 bis 11 Uhr und nachmittags von 13 bis 15 Uhr. In Sport wurde nur geturnt. Bei Ausflügen gab es nur Wanderungen. Fußballspielen kannte man noch nicht. Schläge gab es in der Schule mit einem dicken Riemen.

Die Schulraumverhältnisse in Medenbach:

Es war ein großer Schulsaal über dem Bürgermeisteramt, darin wurden Ober- und Unterstufe getrennt unterrichtet. Als Beleuchtung dienten Öllampen (Steinoel) oder ein Stangenlicht (Rüboel). Die Straßenbeleuchtung in Medenbach waren fünf Öllampen (Laternen). Das elektrische Licht wurde 1920 eingeführt.

tieren in Kurzform durch Stichworte. Die Ergebnisse trafen bald ein, wurden im Kreisgespräch bewertet, ergänzt oder gegebenenfalls durch Zusatzfragen erweitert. Die endgültigen Ergebnisse tippte ich dann auf Matrizen. Daß auch Kinder sie hätten schreiben können, dachte ich damals noch nicht. Auch mußte ich mir die Matrizen abgezählt beim Schulleiter abholen, und die Bemerkungen bei zu großem Verbrauch waren nicht gerade angenehm.

Bei der Vervielfältigung zog ich so viele Exemplare ab, daß nicht nur alle Kinder, sondern auch alle, die uns Informationen oder Bilder zur Verfügung gestellt hatten, zum Dank ein Exemplar bekamen. Die Kinder schmückten ihre Bücher noch mit individuellen Gemälden bzw. Fotos.

Heute schrecke ich davor zurück, die gleichen Anforderungen an ein 3./4. Schuljahr zu stellen. Und dennoch meine ich, es sei für die Kinder reizvoll, ihre Heimat als geschichtlichen und gesellschaftlich organisierten Ort zu erleben. So lasse ich jetzt bei verschiedenen Sachkundeeinheiten die betreffenden Informationen über unseren Ort durch die jeweilige Klasse sammeln: Wasserversorgung, Feuerwehr, Feste, Dorfentwicklung, Handwerker, Landwirtschaft, Verkehr, Schule, geschichtliche Ereignisse usw. Es wird ein Buch ‚in Raten', das dann für eine der nächsten größeren Schulfeiern zusammengestellt und gedruckt wird. Dazu schneide ich aus der örtlichen Presse alle Nachrichten aus, die unseren Ort betreffen, so daß es auch gleichzeitig eine Art Chronik werden kann. Es ist dann nicht Produkt einer einzelnen Klasse, sondern jedes Schuljahr trägt im Laufe der Jahre seinen Forschungsauftrag bei.

Wenn es soweit ist, daß über die wichtigsten Bereiche Berichte vorliegen, werden wir das Heft — ähnlich wie Vereine ihre Festschriften — im Ort zum Kauf anbieten, so daß auch die Ehemaligen unter den Autoren an das Buch kommen können.

Siehe auch Ingrid Schweitzer in Kapitel 3: Zeitung über Gladenbach

Heimat Griechenland

Das Buch faßt die Ergebnisse eines Unterrichtsprojekts mit dem Thema ‚Heimat Griechenland' zusammen.
Während der ersten drei Schuljahre hatten die deutschen Kinder der Klasse immer wieder einmal beiläufig etwas über Lebensgewohnheiten und Besonderheiten des Heimatlandes ihrer griechischen Klassenkameraden erfahren. Wir hatten auch gemeinsam griechische Lieder mit griechischem Text gesungen.
So mußte sich mit der Zeit wohl eine gehörige Portion Neugier angesammelt haben, denn als die Kinder nur angestoßen wurden, was denn wohl zum Thema ‚Heimat Griechenland' interessant sein könnte, drängten die Fragen nur so hervor.
Das Interesse blieb während der Durchführung des Projekts lebendig, ja es entwickelte sich wie eine Lawine, so daß ich schließlich abbremsen mußte. Den Abschluß bildete unser Buch.
Wie die Kinder zu Beginn des Projekts Fragen gesammelt hatten, so stellten sie nun Stichwörter zusammen, zu denen sie etwas aufschreiben wollten. Es entstand eine lange Liste. Aus diesen Stichwörtern wählten die Kinder aus. Sie trugen sich in die Liste ein, besetzten so das Thema. Manche Beiträge entstanden in Einzelarbeit, andere in kleinen Gruppen. Nachfragen waren bei den griechischen Kindern, bei deren Eltern, bei mir oder in

Öllämpchen\Καντήλι

Ein Öllämpchen ist ein Glas mit Wasser. Oben ist etwas Öl. Auf das Öl kommt ein kleiner Korken, in dem ein kleiner Docht steckt. Das Öllämpchen wird an Feiertagen, oder wenn einer aus der Familie krank ist und wenn man auf eine lange Reise geht, angezündet. Das Öllämpchen darf man nicht ausblasen, die Flamme muß einschlafen.

Griechische Lieder

Frau Horstmann hat uns Lieder beigebracht, und wir haben sie nachgesungen. Sie haben einen ganz anderen Rhythmus. Die griechischen Lieder sind so geschwungen. Wenn wir die Lieder singen, zerbrechen wir uns fast die Zunge.

21 Draußen auf dem weiten Meere aus Griechenland

2. Draußen auf dem weiten Meere schaukelt der Kahn.
Aus dem Wasser holt der Fischer, holt vom tiefen Grund
der Fischer Perlenmuscheln und Korallen.
Olo jalo, olo jalo.

Xechina mia psaropoula, ap to jallo,
Xechina mia psaropoula ap tin Hydhra tin mikroula
Ke pijenni ja sfungarja, olo jallo.

Echi messa pallikarja, ap to jallo,
Echi messa pallikarja pu wuttane ja sfungarja
Jusses ke marjaritarja, olo jallo.

schriftlichem Material, das wir uns bei verschiedenen Stellen beschafft hatten, möglich.
Einige der Themen: Die weiß angestrichenen Häuser — Blumen in Kanistern — Warum die Frauen schwarze Kleider tragen — Blaue oder grüne Fenster und Türen — Zisterne — Körbe — Esel — Auf dem Markt — Handeln beim Einkaufen — Der Straßenhändler mit Esel und Waage — In der Schule — Löffelkonfitüre — Masticha Chiou — Kaffee und Wasser — Das Komboloi — Tablis — Olivenbäume — Weinranken, Weinernte — Rosinen, Korinthen — Orangenbäume — Fischer — Ikonen — Öllämpchen — Ostern ist das höchste Fest — Fähren — Kanal von Korinth — Das olympische Feuer — Der Palast von Knossos u. a. m.
Die Entwürfe gab ich nach Korrektur der Rechtschreibung in die Klasse zurück. Dann begann die mühsame Arbeit der Reinschrift, fein säuberlich und ohne Fehler und Verschreiber, wie wir es als Bedingung vereinbart hatten. Die Kinder sprachen untereinander ab, wer den jeweiligen Text in die Reinschrift übertragen sollte. Manches Mal mußte neu begonnen werden, manchmal wankte die Ausdauer, aber wir schafften es doch.

Ingeborg Horstmann

Alternatives Sachbuch

Wir staunen oft, wieviel Fragen und Sachinteresse Kinder aufbringen können. Dennoch setzen wir ihnen als Lehrerinnen und Lehrer immer wieder nach Fachproporz geordnete „richtliniengemäß“ in Mäppchen aufgegliederte Sachunterrichtsbücher vor. Da unsere wißbegierigen Grundschulkinder auch diese gern schlucken, fragen wir selten danach, wonach sie von sich aus verlangen.
Im Sachunterricht der Klasse 4a brachten mich letztlich die

Kinder darauf, wie wenig in den gedruckten Sachbüchern von dem steht, was die Kinder wissen wollen. Es fing zunächst ganz unauffällig an: Wir machten Erkundungen zu den Berufen der Eltern und begannen, Blätter für die Pinnwand herzustellen. Plötzlich beklagte sich Thorsten, im Sachbuch stehe nichts von dem drin, was unsere Eltern in Kassel arbeiten. Sandra meinte bedauernd: „Da steht auch nichts von Tieren drin." Michael warf ein: „Doch — vom Schäferhund, aber nichts von Löwen oder Sauriern."

Dies war für mich ein guter Anlaß, gemeinsam das in unserer Schule eingeführte Sachunterrichtsbuch anzuschauen. Schon beim Verteilen der Bücher riefen einige Kinder sich Themenwünsche zu: „Steinzeit", „Raumfahrt", „Haustiere", „Krieg", „Zeit mit Hitler", „Wie die Lehrer Noten machen", „Wie entsteht der Stundenplan", „Wilde Tiere", „Saurier".

Wir sammelten alle von den Kindern gewünschten Themen, die nicht im Sachbuch zu finden waren, an der Wandtafel. Dirk seufzte. Ihm war deutlich anzumerken, daß er ein solches Sachunterrichtsbuch gern gehabt hätte. Ich schlug daraufhin der Klasse vor, wir könnten ja auch selbst ein Sachbuch nach unseren Vorstellungen machen. Die Kinder waren einhellig begeistert von diesem Vorhaben.

Nach langen Plädoyers für die verschiedenen Traumthemen entschlossen wir uns zur Abstimmung. Jedes Kind hatte drei Stimmen zu vergeben. Daraus sollten die Themen nach Rang geordnet werden. Unser dabei entstandener Arbeitsplan sah für die nächste Zeit so aus:

1 Berufe — Arbeiten
2 Wilde Tiere
3 Steinzeit
4 Raumfahrt
5 Saurier
6 „Zeit mit Hitler"
7 Wie die Lehrer die Noten machen
8 Haustiere

Die Kinder begannen nun, systematisch Sachbuchseiten zum ersten Thema zusammenzustellen. Ganz selbstverständlich gingen sie dabei davon aus, daß Illustrationen und Texte beide wichtig sind. Bald türmten sich auf dem Ausstellungstisch Berge von Material: Einige Schüler hatten Interviews mit verschiedenen Berufstätigen gemacht und die Ergebnisse aufgeschrieben, andere hatten Fotos und ausgeschnittene Bilder von Arbeitsplätzen aufgeklebt und kommentiert. Es war allen klar: Nun muß ausgewählt werden, was in das eigene Sachbuch endgültig aufgenommen wird. Mein Vorschlag, eine Redaktion wie bei der Buchherstellung in Verlagen zu wählen, gefiel allen Kindern. So wurde eine fünfköpfige Redaktion gewählt.
Später wurde über die Form des Buches entschieden. Es sollte einfach ein Ordner werden, in den die Seiten — in durchsichtige Schutzhüllen gelegt — eingeheftet werden sollen, damit spätere Ergänzungen noch möglich sind und damit beim Lesen die Seiten geschont werden. Als Titel wurde ausgewählt „Sachbuch für uns", um zu verdeutlichen, daß dies ein Buch werden soll, das den Interessen der Kinder besonders entspricht und auch Bezug zu unserem Stadtviertel hat.
Bei den nächsten Themen wechselten Phasen stärkerer unterrichtlicher Vermittlung und der Produktion von Buchseiten ab. Bei den unterrichtlichen Anregungen habe ich Akzente gesetzt, die sicher so nicht von den Kindern geplant waren, die sie dann aber gern aufgriffen. So haben wir beim Thema ‚Steinzeitmenschen' verschiedene Methoden der Feuererzeugung erprobt oder beim Thema ‚Weltraum' über Sternbilder und Horoskope nachgedacht und einiges über Galileo Galilei erfahren.
Die Redaktion war fast durchgängig beschäftigt. Es gab zwar auch jetzt noch Konflikte, aber die Kinder konnten sie bereits ohne Lehrerinnenhilfe untereinander austragen.

Astrid Kaiser

Das Eiszeitheft beantwortet die Fragen von 28 Kindern eines 4. Schuljahres an der Grundschule in Hopsten/Kreis Steinfurt. Es ist nicht für einen breiteren Adressatenkreis bestimmt und wurde daher nur in Klassenstärke aufgelegt.

Das Heftchen ist wegen seiner Resonanz erwähnenswert, die es bei Kindern und Eltern, teilweise auch bei Kollegen gefunden hat.

Fragen der Kinder zum Thema Eiszeit tauchten im Zusammenhang mit der Unterrichtseinheit ‚Steine und Versteinerungen' auf. Sie komplettierten sich schnell zu einem umfangreichen Fragenkatalog und lösten eine intensive Suche nach entsprechenden Sachbüchern aus. Vieles blieb den Kindern allerdings unverständlich. So entstand der Wunsch nach einem ‚Unterricht über die Eiszeit bei uns' und bei mir die Idee, ein kleines Buch zu machen, das eiszeitliche und nacheiszeitliche Natur- und Kulturdokumente der Region in Bild und Text zusammenstellt und um allgemeine Informationen aus dem Leben dieser Epoche ergänzt.

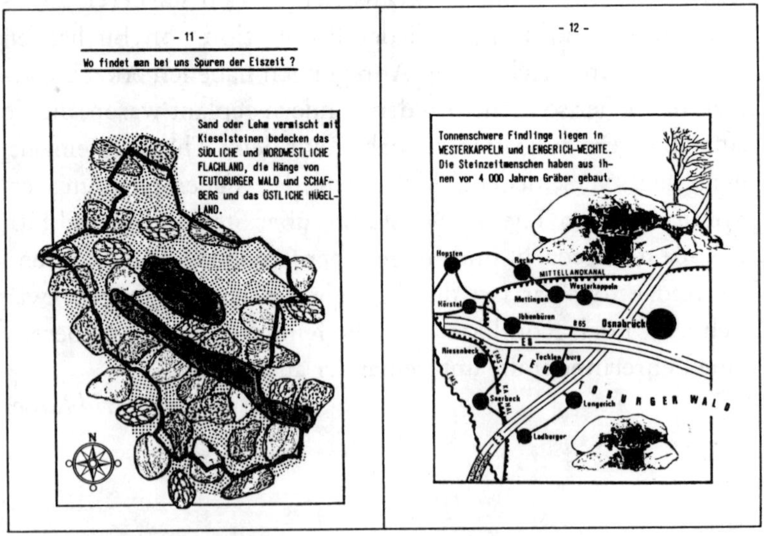

- 13 -

Welche Tiere lebten damals ?

Das Heimatmuseum in Tecklenburg bewahrt Knochenreste vom Wollnashorn und Mammut auf. Diese und andere Tiere lebten in der eisfreien Tundra.

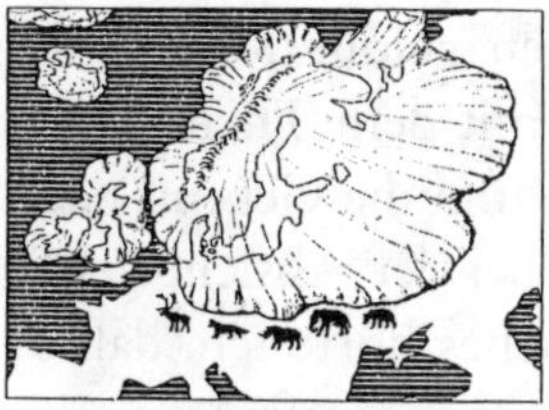

Mammut, Wollnashorn und Höhlenbär sind ausgestorben, Rentier und Eisfuchs dagegen leben heute noch im hohen Norden.

- 14 -

Das Mammut war das bekannteste Eiszeittier. Es war größer als ein Elefant. Das besterhaltene Mammut wurde im Jahre 1901 in Sibirien gefunden. Es war ganze 39 000 Jahre alt. Und so sah es aus:

Wollnashörner waren kälteunempfindliche Tiere. Sie besaßen ein dichtes Fell und gespreizte Füße, damit sie nicht im weichen, verschneiten Boden versanken.

- 15 -

Wie sahen die Eiszeitmenschen aus ?

Der wohl bekannteste Eiszeitmensch ist der NEANDERTALER. Er lebte in der letzten Eiszeit vor etwa 60 000 Jahren. Ein erwachsener Neandertaler wurde nur etwa 1,60 m groß. Er war zwar kleiner als wir, dafür aber achtmal so stark.

- 19 -

Wohnten die Eiszeitmenschen auch bei uns ?

Bisher hat man keine Spuren der Eiszeitjäger entdeckt. Die ältesten Siedlungsspuren stammen aus der NACHEISZEIT.

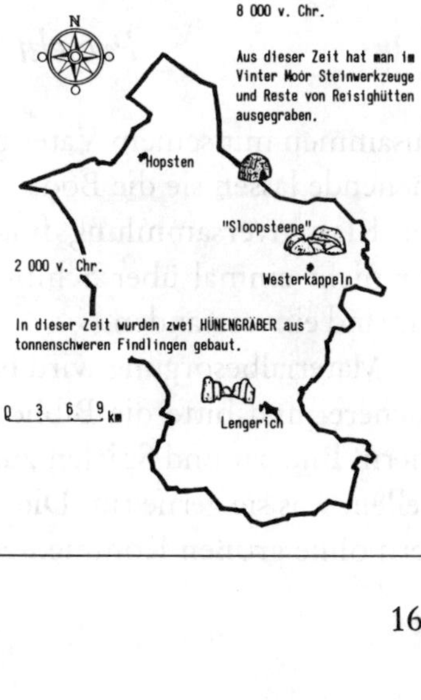

Ein besonderes Problem war die Beschaffung geeigneter Zeichnungen und Schaubilder. Bei der Sichtung des umfangreichen Buch-, Katalog- und Prospektmaterials halfen mir die Kinder. Allein erledigte ich dagegen die grafische Überarbeitung und Vereinfachung. Beim Tippen und Drucken bekam ich noch einmal Hilfe von Freunden.
Das Heftchen gehörte lange Zeit zur Lieblingslektüre der Kinder und regte sie zum Basteln, Plastizieren und Malen an. Die Ergebnisse hätten ein Ergänzungsheft gelohnt, das Anregung und Anleitung gibt, sich praktisch mit dem Thema auseinanderzusetzen. Da ich aber die Schule und die Gegend nach Ablauf des Jahres verließ, ist es leider bei der Absicht geblieben. Bald nach der Fertigstellung des Buches hörte ich, daß es etlichen Familien als Führer für Wochenendausflüge diente und an Verwandte und Bekannte zum selben Zweck entliehen wurde. Auf diese Weise hat es wahrscheinlich auch einige Lehrerkollegen erreicht. Im vergangenen Jahr, also drei Jahre nach dem Erscheinen, bat mich eine Grundschule in Lengerich/Kreis Steinfurt, für die Schülerbibliothek einen Satz Hefte zur Verfügung zu stellen. *Günter Ritter*

Projekt Schiffe

Zusammen mit seinem Vater baut Jörg Modellschiffe. Am Wochenende lassen sie die Boote auf benachbarten Seen fahren. In der Klassenversammlung fragt Jörg eines Freitags: „Können wir nicht einmal über Schiffe arbeiten?" Die Kinder und ich, wir sind einverstanden.
Die Materialbesorgung wird besprochen. Ich fahre in die Stadtbücherei und bitte die Bibliothekarin, uns eine Kiste mit Büchern, Bildern und Spielen zum Thema ‚Schiffe' zusammenzustellen, was sie gerne tut. Diese Materialkiste stelle ich den Kindern ohne großen Kommentar in die Klasse. Das von den Kin-

dern mitgebrachte Material (Zeitungsausschnitte, Fotos, Bücher) kommt ebenfalls in die Kiste. Sie haben nun einige Tage Zeit, sich die verschiedenen Sachen anzuschauen. Danach sprechen wir über die verschiedenen Gruppen, welches Thema sie erarbeiten wollen, welches Material evtl. noch gebraucht wird, was die Kinder selbst organisieren, was ich übernehmen soll.
Eine Gruppe von Jungen möchte über die Geschichte der Schiffahrt arbeiten. Sie entwerfen Briefe an die Schiffahrtsmuseen in Duisburg und Bremen, in denen sie um Informationsmaterial bitten. Mario möchte ein Dampfboot bauen. Die Idee hat er aus der Sachkundekiste bekommen. Dazu muß er zuerst einmal Löten lernen. Eine mit Wasser gefüllte Weißblechdose muß zugelötet werden und dient als Düse für das Dampfboot. Tanja und Charlotte wollen ein Hafenmodell nachbauen. Sie haben dazu ein dickes Buch gefunden. Aber das ist alles viel zu schwer. So kommen sie auf die Idee, den Hafen auf eine Grundplatte aus Holz mit Holzleisten und Knete zu formen. In tagelanger Arbeit entstehen dort viele kleine Boote, Riesendampfer, Leuchttürme, Surfer und viele buntgekleidete Menschen. Einige Kinder arbeiten aber an Sachtexten. Sie schreiben auf, was sie an Informationen verstanden haben.
Astrid ist begeistert von den bunten Bildern, die den Text über den Hafen von Sidney begleiten. Ihr macht es auch Spaß, immer wieder das Wort Sidney zu schreiben. Den unterschiedlichen Tiefgang eines Schiffes zur Be- und Entladung versucht sie zeichnerisch darzustellen.
Andere Kinder haben sich mit Schifferknoten beschäftigt. Beim Nachknoten haben sie große Schwierigkeiten; ich soll immer wieder helfen, aber ich kann das auch nur sehr stümperhaft. Şerif und Ahmet lernen das Morsealphabet. Sie haben sich mit dem Material aus dem Elektronikkasten eine Morseanlage gebaut. Jetzt sitzt einer im Klassenvorraum, einer in der Klasse, und sie morsen einander Informationen zu. Nachher wird verglichen. Manche Kinder haben keine große Lust, viel aufzuschreiben. Sie malen lieber, wie z. B. Songül. So sind viele schö-

ne bunte Schiffsbilder entstanden, welche später die unterschiedlichsten Texte in unserem Projektbuch illustrieren.
Sascha macht ein Hörspiel über einen besoffenen Seemann. In einem Schreibspiel rund um den Tisch ist ein kurzer Text entstanden. Rollen werden verteilt, Kassetten, Rekorder, Mikrofon besorgt. Ist der Gruppenraum frei, damit wir ungestört arbeiten können?
Zum Schluß des Projektes organisieren wir eine Ausstellung. Die Texte und Zeichnungen aus unserem Buch haben wir an die Wand geheftet. Die Briefe der Kinder und die Antworten der Museen kommen hinzu. Das Hafenmodell und verschiedene Schiffsmodelle aus Pappe oder Holz, die Seemannsknoten werden da ausgestellt, wo sonst im Vorraum die Druckerei steht. Neben dem Hörspiel ist der Höhepunkt der gesamten Ausstellung Marios Dampfboot, welches in einer großen Fotoschale dampfend hin- und hertuckert.
Führungen werden organisiert, das Erklären der Ausstellung wird geübt. Alle Kinder möchten einmal drankommen.
An einem Freitag ist Riesengedränge im Vorraum unserer Klasse. Die anderen Klassen sehen sich die Ausstellung an. Auch interessierte Eltern kommen. Alle freuen sich über die gelungene Ausstellung.

Rolf Wagner

Unser buntes Zirkusbuch

Das bunte Zirkusbuch schrieb ein viertes Schuljahr. Es entstand während eines fünfwöchigen Blockpraktikums. Drei Stundentinnen der Universität Bielefeld leisteten in dieser Zeit ihr Praktikum ab und machten ihre ersten unterrichtlichen Erfahrungen in den Fächern Sprache/Deutsch und Sachunterricht. Das Projekt „Zirkus“ bot sich für den fächerübergreifenden Unterricht in den obengenannten Fachbereichen an. Uns standen neun Stunden Unterricht in der Woche zur Verfügung.

Die 23 Schülerinnen und Schüler haben in dieser Zeit ein etwa 100 Seiten umfassendes Buch nicht nur geschrieben, sondern auch gestaltet und dabei erfahren, daß Schreiben Freude macht. Es wurde ein Buch, in dem sich alles um den Zirkus dreht, ein Buch von Kindern für Kinder.

Auslöser war ein bundesweit ausgeschriebener Wettbewerb des Arbeitkreises Grundschule e. V.: „Kinder schreiben Bücher für Kinder“. Die Kinder waren sofort begeistert dabei, und ihr Einsatz wurde dann auch mit einem Preis belohnt.

Mit einem Fragebogen wurde zunächst das Interesse der Kin-

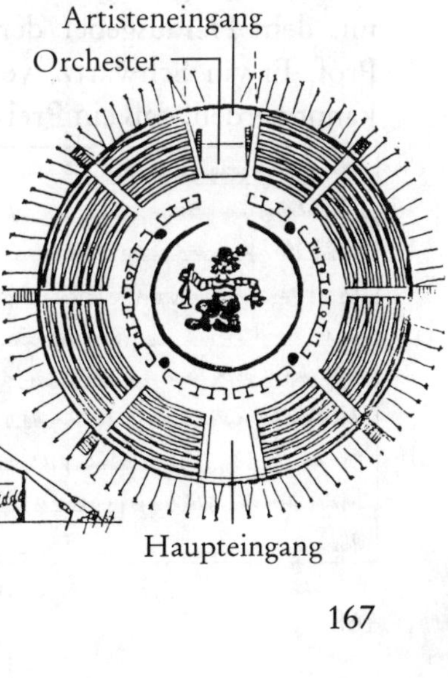

der festgestellt und auch schon Wert auf eigene Vorstellungen und Gestaltungsideen gelegt. Das Projekt begann mit einem gemeinsamen Zirkusbesuch der Schüler, des Klassenlehrers und der Praktikantinnen, die das Projekt durchführten.
Dieses Erlebnis war die Grundlage für die spätere Arbeit in der Klasse. Die Schüler sammelten Unterrichtsmaterialien wie Zeitungsausschnitte, Texte und Zirkusbilder und verwandelten das Klassenzimmer mehr und mehr in eine Manege.
Mit viel Ideenreichtum und Phantasie entstanden Zauberprogramme, Unsinnrezepte, Reime und Rätsel, natürlich auch Phantasie- und Bildergeschichten und schließlich auch ein Würfelspiel. Die Auswahl der Texte für das Buch fiel uns sehr schwer. Die Kinder selbst stimmten über ihre Beiträge ab. In dem fertigen Buch befindet sich von jedem Kind der Klasse ein Artikel oder eine Geschichte.
Die bunten Originalseiten wie Texte, Bilder, Collagen u. a. wurden auf farbiges Papier fotokopiert und zu einem Buch eingebunden. Jedes Kind erhielt ein Buch. Weitere Bücher wurden in Büchereien aufgenommen und verschenkt.
Interessant gestaltete sich nicht nur das Schreiben und Gestalten eines Buches, sondern auch die Teilnahme an einem Wettbewerb. Mit großer Aufmerksamkeit wurde der Briefwechsel mit dem Herausgeber der Zeitschrift „Grundschule", Herrn Prof. Erwin Schwartz, verfolgt, der die Kinder bis zum Bekanntwerden, daß ein Preis gewonnen wurde, in Atem hielt.

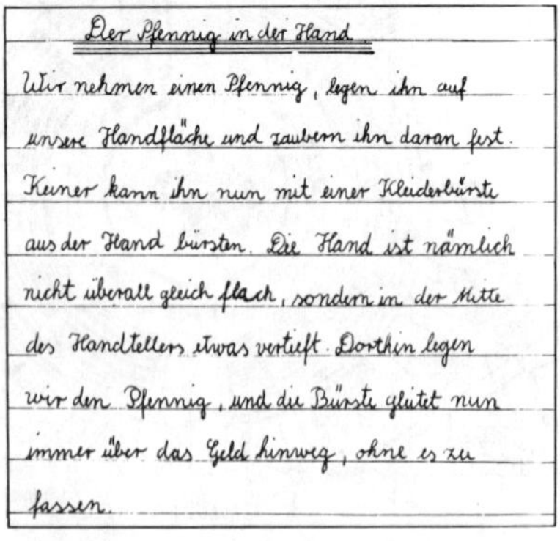
Der Pfennig in der Hand

Wir nehmen einen Pfennig, legen ihn auf unsere Handfläche und zaubern ihn daran fest. Keiner kann ihn nun mit einer Kleiderbürste aus der Hand bürsten. Die Hand ist nämlich nicht überall gleich flach, sondern in der Mitte des Handtellers etwas vertieft. Dorthin legen wir den Pfennig, und die Bürste glitet nun immer über das Geld hinweg, ohne es zu fassen.

Wie eine abschließende Befragung ergab, war nicht nur die Haltung der Kinder und Lehrer, sondern auch die der Eltern zu diesem Projekt positiv.

Günter Evers

Blättergeschichten

Das Blattgeschichtenbuch entstand in einer vierten Klasse. Es ist ein Buch, das versucht, Kinder den Weg der Phantasie gehen zu lassen. Der Weg begann damit, aus getrockneten Blättern eigene Bilder zu gestalten. Bilder haben natürlich eine Geschichte, diese Geschichten (Phantasiegeschichten) schrieben die Kinder während des Unterrichts.
Die Geschichten wurden in der Klasse vorgelesen, besprochen und auch überarbeitet. Danach hat jeder Schüler seine eigene Geschichte fehlerfrei für das Geschichtenbuch aufgeschrieben. So entstand eine Sammlung von schönen Geschichten mit dazugehörenden Blätterbildern.

Unser Blattgeschichtenbuch enthält von jedem der 21 Kinder der Klasse eine Geschichte und ein Bild. Dazu ein Inhaltsverzeichnis und ein in Gruppenarbeit gestaltetes Titelbild.
Die Beiträge und Bilder wurden später kopiert, zu einem Buch zusammengeheftet, und jeder Schüler bekam sein eigenes Blattgeschichtenbuch. Zwei Exemplare wurden in die Schülerbücherei aufgenommen. Diese Geschichten werden immer wieder gerne von anderen Schülern gelesen.
Indem die Kinder sich in die Situation eines Blattes versetzen konnten, hat das Zusammensetzen der Blätter zu Bildern und das Schreiben der Geschichten die eigene Phantasie sehr angeregt. Ein weiterer Vorteil dieses Buches war, daß es einfach und schnell gestaltet werden konnte. *Günter Evers*

Die Tiere kämpfen um ihren Wald

Wir behandelten das Thema ‚Wald'. Dabei besuchten wir mit einem Forstmann einen Wald in der Nähe unserer Schule. Er zeigte uns Bäume, die von Umweltgiften beschädigt waren, und er erzählte vom Waldsterben.
Die Kinder interessierten sich besonders für die in dieser sterbenden Welt bedrohten Tiere. Sie stellten viele Fragen dazu im Wald und anschließend in unserer Klasse. Sie brachten Bücher und Bilder von zu Hause mit, und wir diskutierten, überlegten und berichteten, wie es unseren Tieren in dem geschädigten Wald erging.
In ‚Deutsch' brachte ein Kind Erich Kästners ‚Konferenz der Tiere' mit, von dem wir viele Anregungen bekamen. So reifte in unserer Klasse der Entschluß, auch ein Buch zu schreiben. Überdies war damals in der GRUNDSCHULE ein Preis für ein selbstgestaltetes Buch ausgeschrieben. Das stachelte die Kinder besonders an.

1\.

Bussard Benschi hat eine Idee

„Trari, trara," summte das Wiesel. Auf einmal brach es ab, denn der Bussard war gerade zu ihm hergeflogen. „Mich wunderts ja, wie du jetzt vor dich hinsingen kannst, wo doch alle Tiere im Wald in Not sind. Aber dir scheint es ja bestens zu gehen," schimpfte Bussard Benschi.

„Alle Tiere sind traurig, weil sie keine Ruhe mehr finden. Die Menschen holzen immer mehr Bäume ab und bauen Häuser und Fabriken. Sie fahren mit ihren großen Maschinen herum und machen Höllenlärm. Den Teich haben sie trockengelegt und das Moor verschmutzt. Das kleine Bächlein reicht für uns Tiere bestimmt nicht aus."

„Du hast schon recht Benschi," meinte Stupsi, „wir haben keinen Grund zu singen. Aber ich denke beim Summen nach." „Vielleicht fällt uns gemeinsam etwas ein," erwiderte versöhnlich Benschi. Nach einer Weile tiefen Schweigens sagte das Wiesel: „Weißt du was?" – Keine Antwort. „He! Hört du mir überhaupt zu?" empörte sich Stupsi. „Hä," – kam es von Benschi zurück. Dann sagte er ärgerlich: „Jetzt hat du mich beim Nachdenken gestört!" „Entschuldigung." Benschi hörte überhaupt nicht mehr zu. Er dachte schon

Wir setzten uns in unsere Leseecke und beratschlagten. Bedingung war, daß jedes Kind einen Beitrag zum Buch leisten und jedes am Schluß ein Buch in Händen halten sollte. Jedes suchte sich ein Tier aus dem Wald aus und schrieb dazu eine Geschich-

te. Die Kinder schlüpften in die Rolle der Tiere, die von der Umwelt bedroht sind, und erzählten ihre Geschichte.
Die Rahmengeschichte schrieben wir gemeinsam. Jedes Kind las von seiner Geschichte den Erstentwurf vor. Wir besprachen ihn und überarbeiteten ihn mündlich. Die Zweitentwürfe sammelte ich ein, schaute sie durch und verbesserte die Rechtschreibfehler.
Nun schrieb jedes Kind seinen Beitrag mit schwarzem Filzstift, so daß ich ihn kopieren konnte. Dazu malte jedes ein passendes Bild.
Ob sich Schwierigkeiten ergaben? Keine besonderen — nur die üblichen Probleme der Differenzierung und Individualisierung. Außer den positiven sozialen Aspekten (Erfolgserlebnis für alle, gegenseitiges Helfen) war der gemeinsam erarbeitete Erfolg sehr anregend. Die Anerkennung der Schüler und Lehrer aus anderen Klassen, denen wir das Buch als Klassenlektüre zur Verfügung stellten, hob das Selbstbewußtsein enorm. Viele Eltern waren so stolz auf das Buch und den Beitrag ihres Kindes, daß sie das Buch auf eigene Kosten vervielfältigten und an Verwandte verschenkten. *Annette Hartmann*

Ich warte

Schülerbücher müssen nicht immer „Klassenbücher“ sein, sie sind ebenso denkbar als Ergebnis gemeinsamer Arbeit mehrerer Klassen oder gar der gesamten Schule. Und Schülerbücher entstehen manchmal, obgleich sie gar nicht geplant wurden. Das Weihnachtsbuch „Ich warte“ ist ein Beispiel dafür.

Alle vier Klassen der Schule hatten sich die Aufgabe gestellt, Texte für eine Weihnachtsfeier zu schreiben. Später sollten sie zum Teil im Musikunterricht vertont werden. Getextet wurde im Unterricht der Klassen und in den Musikarbeitsgemeinschaften. Jedes Kind sollte sich beteiligen können, die meisten taten es auch. Am Ende war bei den meisten Texten nicht mehr feststellbar, wer nun welchen Teil zu welchem Text beigetragen hatte.

Erst jetzt, als sich viele Schülerinnen und Schüler mit Recht als

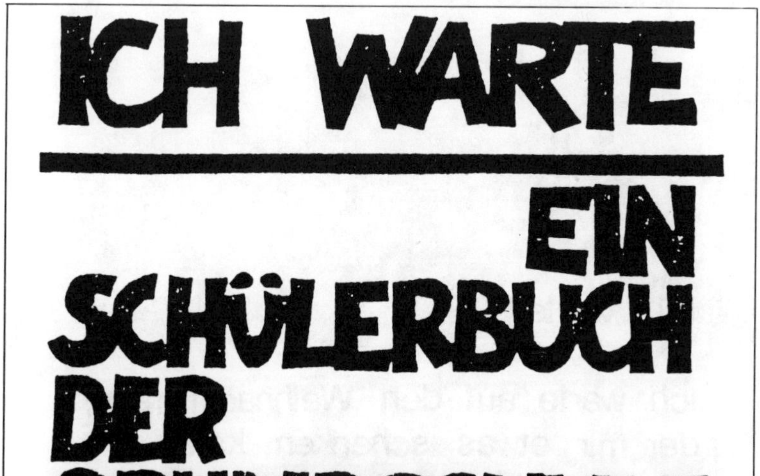

Autoren empfanden, kam auch der Wunsch, ein sichtbares und auf Dauer festgehaltenes Ergebnis mit nach Hause nehmen zu können. Die Idee zu einem Buch war geboren. Sie wurde verwirklicht parallel zu den Vorbereitungen der ursprünglich geplanten Weihnachtsfeier.
Schülerbücher sind häufig Sammlungen von Einzeltexten, die allenfalls durch ein gemeinsames Thema miteinander verknüpft sind. So auch hier. In ihrer Gestaltung zeigen solche Sammlungen oft eine bildnerische Vielfalt, die einerseits zwar kindlichen Ideenreichtum widerspiegeln mag, andererseits jedoch das Schülerbuch leicht als Sammelsurium und nicht als Einheit wirken läßt. Bei der Herstellung unseres Weihnachtsbuches — dies übernahm die vierte Klasse — stellten wir uns

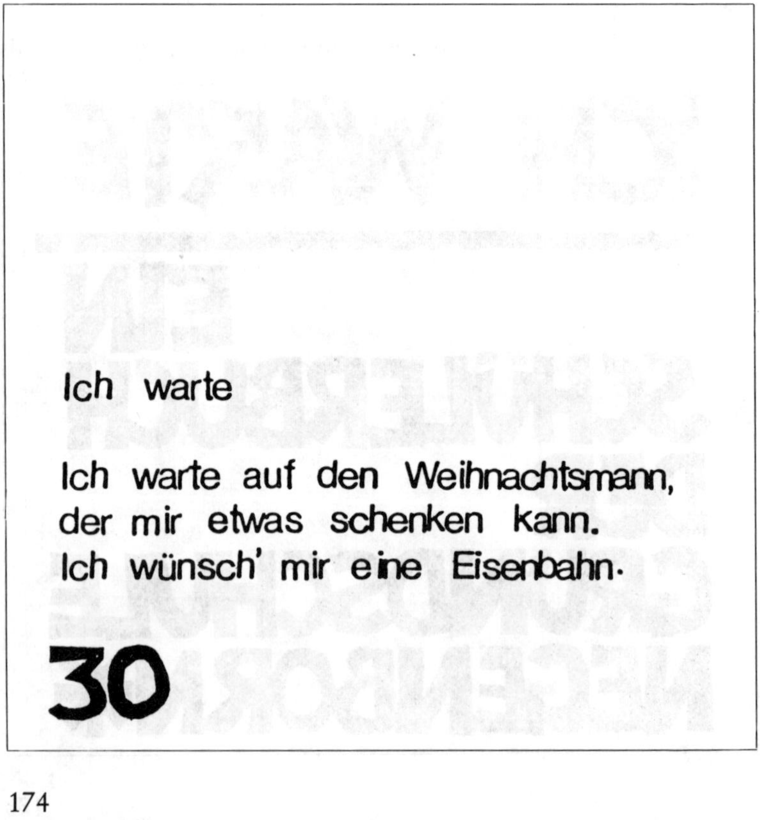
Ich warte

Ich warte auf den Weihnachtsmann,
der mir etwas schenken kann.
Ich wünsch' mir eine Eisenbahn.

30

darum die Aufgabe, schon durch die Gestaltung der Einzelseiten die Gemeinsamkeit der Texte sichtbar zu machen. Nicht nur die Buchdeckel sollten die Seiten zusammenhalten. Um jede neue Seite schon beim flüchtigen Hinsehen als Teil des Ganzen erkennbar zu machen, beschränkten wir uns auf drei Gestaltungselemente, die auf jeder Doppelseite auftauchten: Texte wurden ausschließlich mit Beltz-Stempelkästen geschrieben, illustriert wurde mit flächigen Scherenschnitten, die nur auf rechten Seiten erscheinen, Seitenzahlen wurden übergroß ausgeschnitten und aufgeklebt. Es entstanden Druckvorlagen, die sich wegen ihrer starken Hell-Dunkel-Kontraste ausgezeichnet über einen Fotokopierer für die Gesamtauflage von etwa 120 Exemplaren vervielfältigen ließen.

Hartmut Kulick

Märchenbuch

Hier ist, kurzgefaßt, eine Unterrichtsreihe ‚Märchen' vorgestellt, die wir mit meiner vierten Klasse der GGS Nützenberger Straße 242 in Wuppertal durchführten. Aus ihr entstand ‚unterwegs' auch ein Buch.

1 Vorlesen von Märchen der Brüder Grimm. Herausarbeiten und Fixieren der märchenhaften Elemente
1.1 Lehrerlesung: Der gestiefelte Kater
1.2 Schülerlesung: König Drosselbart
1.3 Vorlesegruppe: Rumpelstilzchen

2 Vorlesen von Märchen durch einzelne Schüler oder Kleingruppen nach freier Wahl: z. B. Die drei Brüder

3 Verfremdung bzw. Veränderung bekannter Märchen
3.1 Lehrererzählung: Das Märchen vom flotten Rotkäppchen, dem bösen Jäger und dem lieben Wolf
3.2 Schüleraufsatz: Das Märchen vom lieben Wolf

4 Erarbeiten eines eigenen Märchens aufgrund der heimatkundlichen Kenntnisse der Kleineisenindustrie im Bergischen Land unter Berücksichtigung der bisher erarbeiteten märchenhaften Elemente
4.1 Gemeinsames Suchen nach möglichen Personen
4.2 Gemeinsames Suchen nach Orten der Handlung
4.3 Erstes bruchstückhaftes Andeuten des Handlungsverlaufs durch einzelne Schüler
4.4 Aufschreiben des Märchens vom armen Lehrjungen in Einzelarbeit
4.5 Vorlesen und Besprechen einzelner Schülerentwürfe in der Klasse
4.6 Korrektur der Texte durch den Lehrer
4.7 Aufschreiben der endgültigen Fassung des Märchens (Der erste Teil einer Arbeit ist hier abgedruckt.)
4.8 Vorlesen der Endfassung in den Tischgruppen; dort Aus-

Das Märchen vom armen Lehrjungen

Es war einmal ein Schmied, der hatte drei Lehrlinge. Die beiden ältesten Lehrlinge hatten Erfolg in ihrem Beruf, aber der jüngste war vom Pech verfolgt, egal was er anfing. Eines Tages ließ der Schmied die Lehrlinge rufen und sagte: „Ich fühle mich zu alt, um weiter zu arbeiten. Wer mir das schönste Schwert schmiedet, soll mein Nachfolger werden!" Nach einiger Zeit waren die Schwerter fertig, und der Meister schaute sie sich an. Er sah, daß der älteste Lehrling am besten gearbeitet hatte und sprach zu ihm: „Du sollst meine Schmiede übernehmen." Der mittlere bekam zum Trost einen Weinbrunnen und der jüngste einen Gartenzwerg. Der zog mit seinem Geschenk in die weite Welt. Er war schon lange gewandert, als der Winter anfing. Der Lehrling mußte über einen zugefrorenen See gehen, um weiter zu kommen. In der Mitte des Sees rutschte er aus. Der Gartenzwerg flog in einem hohen Bogen aufs Eis und zersprang in viele Stücke. Plötzlich kroch aus den Teilen ein lebender Zwerg hervor und sagte: „Nun, mein Lieber, endlich bin ich frei, und zum Dank dafür werde ich dich zum besten Schmied auf Erden machen!" Danach zogen sie in die Stadt des Königs und eröffneten eine Schmiede.

wahl eines Märchens zum Vorlesen vor der Klasse

5 Umarbeiten des Prosatextes vom armen Lehrjungen in einen dialogischen Text

5.1 Festlegung einzelner Aufzüge und Bilder. Vorplanung der Kulissen

5.2 Spielen der ersten Szene durch spontan gebildete Schülergruppen. Umsetzen der Kritik in verbessertes Spiel

5.3 Erarbeiten eines dialogischen Textes für das erste Bild mit der ganzen Klasse

5.4 Bildung von vier festen Arbeitsgruppen von jeweils vier bis fünf Mitgliedern. Erarbeitung aller Szenen durch alle Gruppen in freier Arbeit

5.5 Vorlesen und Spielen einzelner Bilder vor der Klasse

5.6 Fixierung und Korrektur der Texte

5.7 Besprechung formaler Aspekte der Textgestaltung

5.8 Erstellung einer Endfassung des Märchens durch die Gruppen

5.9 Abschrift der Endfassung in den Gruppen

6 Auswahl des Textes für die Aufführung des Märchens am Ende des Schuljahres

7 Festlegung von Liedern und Tänzen zum Märchen für die Aufführung

8 Verteilung der Rollen in Doppelbesetzung. Bildung eines technischen Stabes, so daß alle Kinder beteiligt sind

9 Herstellen der Kulissen und Kostüme

10 Aufführung des Märchens vor Eltern und Geschwistern

11 Aufführung vor anderen Klassen der Schule

Heinz Walter Dirkes

Knubbelfax und seine Freunde

Schüler einer Grundschulklasse schrieben und gestalteten dieses Buch während ihres ganzen 4. Schuljahres. Die über 130 Seiten entstanden hauptsächlich im Bereich Sprache/Deutsch. (Der Lehrer erteilte nur diesen Unterricht in der Klasse.) Am Ende der Grundschulzeit erhielt jedes Kind ein auf farbige Blätter kopiertes, eingebundenes Buch, eine wirklich schöne Erinnerung an tolle Stunden in der Grundschule.

Die Idee, ein Buch zu schreiben, kam von den Schülern selbst. So lagen die Hauptaktivitäten auch bei ihnen. Sie waren aus früheren Schuljahren an selbständiges Arbeiten gewöhnt. Sie waren auch in der Lage, sich an der Planung, Durchführung und Auswertung von Unterricht stark zu beteiligen.

Das Buch wurde von Schülern und Lehrer gemeinsam geplant. Nach dem Sammeln erster Ideen wurde ein grober Verlaufsplan erstellt. Dann erfolgte die Verteilung auf das ganze Schuljahr. Die Arbeit beanspruchte in der Anfangsphase in der Regel eine Stunde pro Woche, in der Endphase mehr.

Von den Schülern wurden die Stunden ‚Freie Arbeit' gern zum Schreiben und Gestalten von Knubbelfax-Texten benutzt. Der Lehrer hatte nur die Aufgaben eines Beraters oder Koordinators. Die Schüler arbeiteten größtenteils in Gruppen, was ihnen sehr viel Spaß und Freude bereitete. So trafen sich einige auch außerhalb des Unterrichts, um weiterzuarbeiten.

Im Verlaufe der Arbeit ergaben sich eine Vielzahl von Situationen im mündlichen wie auch im schriftlichen Sprachbereich, die unterrichtlich aufgearbeitet werden mußten.

Das gesamte Projekt knüpfte an die direkten Erfahrungen der Schüler mit dem Unterricht und der Schule an. Es berücksichtigte viele Schülerinteressen; die unterschiedlichsten sozialen Arbeitsweisen konnten praktiziert werden.

Knubbelfax kann alles — sogar Kinder eines vierten Schuljahres dazu bringen, unaufgefordert, ausdauernd und gar in der Freizeit Geschichten zu schreiben. Geschichten mit Knubbelfax

natürlich: Knubbelfax und seine Freunde, Knubbelfax in der Schule, Knubbelfax und die Umwelt, Knubbelfax löst Probleme und Konflikte usw.
Knubbelfax leistet dabei allerhand: Er regt die Phantasie an, verschafft Einblicke in technische Apparaturen, spricht die Sehnsüchte und Wünsche der Kinder aus, löst Rätsel, lehrt sie das Schreiben — und sogar das Rechtschreiben. Dabei macht Knubbelfax den Lehrer keineswegs überflüssig, sondern drängt ihn nur in eine andere, zurückhaltendere, humanere Rolle. . .
Der Inhalt des Buches ist neben vielen Illustrationen: Geschichten, Spiele, Kunterbuntes wie z. B. optische Täuschungen, Witze, Rätsel, Reime, Rezepte, Bastelanweisungen, lustige Entschuldigungen und ein Kasperlestück. Letzteres wurde wäh-

Knubbelfax

Knubbelfax ist ein fröhlicher, aufgeweckter Junge.
Er erlebt viele aufregende und lustige Abenteuer.
Jederzeit ist er zu Späßen und Streichen aufgelegt.
Er ist lieb und hilft anderen Kindern.

Knubbelfax interessiert sich für viele Dinge:
Angeln, Schießen mit der Fletsche, Wandern, Schwimmen, Tauchen und Radfahren. Außerdem spielt er gerne Fußball.
Tiere hat er besonders gern.

Knubbelfax liebt alle Menschen und alle Menschen lieben ihn.

rend einer Projektwoche geschrieben und aufgeführt.

Von den vielen Geschichten, die im Laufe des Schuljahres entstanden, wurden 30 in unser Buch aufgenommen.

Dabei fiel uns die Auswahl sehr schwer.

Alle Kinder haben gerne mitgearbeitet und sehr viel Spaß gehabt. Das Buch ist eine Gemeinschaftsleistung der ganzen Klasse geworden. Alle sind Autoren, deshalb sind die Beiträge von den einzelnen Schülern nicht unterschrieben.

Das Projekt stärkte das Zusammengehörigkeitsgefühl und das Selbstbewußtsein der Schüler.

Auch mir hat das Schreiben dieses Buches sehr viel Spaß und Freude gemacht, bis zur Fertigstellung war es aber sehr viel Arbeit.

Günter Evers

Gespenstergeschichten

Vor zwei Jahren übernahm ich eine siebte Klasse unserer Sonderschule für Lernbehinderte. Die Kinder hatten nur wenig Erfahrung im Schreiben von eigenen Texten. Anlaß zu unserem ersten Buch war eine Hörszene zum Thema Geisterstunde. Die Klasse hatte über Geräusche und Spiel zahlreiche Elemente einer Geisterstunde herausgearbeitet, und der Wunsch kam von den Kindern, nicht nur eine Partitur zur Hörszene zu erarbeiten, sondern ihre Ideen als Gespenstergeschichten niederzuschreiben.

Aus dieser Motivation heraus entstanden von fast allen Schülern Geschichten. Wichtig schien es mir in dieser Phase, den Kindern zu verdeutlichen, daß Schreiben Spaß machen kann. Denn solange Schreiben als negativ belastete Situation empfunden wird, kann keine Freude am Gebrauch der Schriftsprache entstehen.

Um Schreibängste abzubauen, setzte ich mir folgende Regeln:

Fehler haben in einem Aufsatz kein Gewicht.

Anstreichungen in Schülerheften erfolgen nicht, Verbesserungen nur unauffällig.

Alle Geschichten werden von mir ohne Rechtschreib- und Grammatikfehler getippt. (Der sauber getippte Text trägt entscheidend zur Lockerung der Kinder bei und nimmt die Last der Rechtschreibung und des Schönschreibens von ihnen.)

Die einzelnen Aufsätze zensiere ich nicht. Die Zensur für den schriftlichen Ausdruck im Zeugnis darf eine begonnene Schreibmotivation nicht zerstören. Unter die handschriftlichen Geschichten der Kinder schreibe ich grundsätzlich ein Lob und hebe Dinge, die mir besonders gut gefallen, hervor. Ich wähle *einen* Fehlerschwerpunkt heraus, dessen Verbesserung dem Kind zum jetzigen Zeitpunkt gelingen kann.

Die Erfahrung zeigt, daß durch eine solch behutsame Kritik die Lust am Schreiben nicht genommen wird, Fehler abgebaut werden und in den letzten zwei Jahren eine erhebliche Weiter-

entwicklung des schriftlichen Sprachausdrucks bei den Kindern stattgefunden hat.
Freude am Schreiben entsteht aber auch durch Anerkennung der Leistung, durch Beifall von Mitschülern, von mir und von Außenstehenden (Gäste der Klasse, Lehrer der Schule, Eltern, Geschwister, Freunde . . .). Ein eigener Text nimmt im Unterricht einen ganz hohen Rang ein. Anfangs war es vor allem mein Lob und meine Freude über die Geschichte, heute ist es das Interesse der Mitschüler, diese Geschichte zu hören.
Unsere ersten Geschichten sollten zudem in einen besonderen Rahmen gestellt werden. Dieser Rahmen war die Buchform. Alle Texte wurden mittels Matrize vervielfältigt, für jedes Kind ein Exemplar, ein Lehrerexemplar, ein Klassenexemplar und mehrere Verschenkexemplare. Anschließend stellten die Schüler die Bücher zusammen. Als Umschlag wählten wir unser selbsterstelltes Marmorierpapier. Zuletzt haben wir die Bücher gebunden.
Es war für die Schüler ein erhebendes Gefühl, selbst ein Buch erstellt zu haben, gerade weil für viele Sonderschüler eine große Distanz zum Buch besteht. Zudem lobte der Rektor die Kinder, und auch Eltern und Freunde waren begeistert. Viele Kinder hatten jetzt richtig Spaß bekommen zu schreiben. Auf Grund des Erfolges planten sie, neue Geschichten zu sammeln und daraus ein weiteres Buch zusammenzustellen.

Angelika Hartmann

Unser neues Geschichtenbuch

In dem Bericht über unser Gespenstergeschichtenbuch erwähnte ich bereits, daß in der Folgezeit die Schreibmotivation sehr groß war und die Schüler ihre Texte für ein zweites Buch sammelten. Diesmal war es mir wichtig, daß von allen Kindern mindestens eine Geschichte veröffentlicht werden konnte.
Besondere Schwierigkeiten gab es bei einem türkischen Schüler, der kaum in der Lage ist, schriftliche Arbeiten zu erledigen. Damals einigten wir uns darauf, daß er mir seine Geschichte erzählt und ich sie aufschreibe. Dieses Vorgehen erwies sich als sehr fruchtbar, denn für ihn mit seinen Schreib- und Sprachproblemen war es besonders wichtig, sich in unserem Buch wiederzufinden. Heute verfaßt er gemeinsam mit mir gern eigene Geschichten. Er ist mittlerweile sogar in der Lage, wenig gelungene Textstellen sprachlich zu verbessern.
Die Schreibwut meiner Klasse ist zur Zeit so groß, daß einige Schüler vier und mehr Geschichten für das Buch eingereicht haben. Da einige Kinder Schwierigkeiten haben, ein passendes

Immer dieser Alkohol

Mein Vater ist Alkoholiker, und ich weiß, er hat es sehr schwer. Es ist ja eine Krankheit, doch viele kapieren es nicht. Sie sagen, mein Vater sei ein Säufer. Doch sie wissen gar nichts.
Ich hatte es sehr schwer. Aber ich glaube, ich würde auch so handeln, weil ich es als Außenstehender nicht verstehen würde.
Ich wünsche keinem einen Alkoholiker zum Vater. Die Familie wird zerrüttet. Man kann ihn nicht lieb haben, weil er nie er selbst ist. Manchmal denke ich, er ist ganz allein. Er hat uns alle verloren, nur wegen seiner Krankheit. Aber dann denke ich wieder, es ist besser so, weil er uns immer geschlagen hat. In der Schule mußte ich immer an die Angst denken, die ich hatte nach Hause zu gehen. Es tut ihm sicher weh, wenn ich einfach so an ihm vorbeigehe, aber ich habe Angst mit ihm zu reden. Manchmal wünsche ich mir, es müßte alles nur ein böser Traum gewesen sein.

Er will nicht mehr allein sein

Es geht um Andy. Er ist ein Junge im Alter von 1o Jahren und wohnt in Deutschland. Seine Eltern sind bei einem Autounfall ums Leben gekommen, und nun ist er seit 5 Jahren in einem Heim. Er hat keine Freunde, denn alle meinen, daß er zu dumm für alles wäre. Doch das ist gar nicht so. Er hat blonde Haare, blaue Augen und Sommersprossen und ist sehr klein. Jeden Abend, wenn er in den Schlafraum geht, dann sitzen alle in einer Ecke und hänseln ihn, so daß Andy weglaufen könnte. Eines Tages war es so schlimm, das Andy nachts seine Sachen packte und aus dem 4. Stock des Schlafraumes die Efeuranke hinunterkletterte und zu einem verlassenen Haus rannte, wo er die Nacht verbrachte. Die Sonne war schon hoch am Himmel, als er wach wurde. Er hatte Hunger und Durst. Dann entschloß er sich,zu dem Haus nebenan zu gehen und zu fragen, ob sie nichts zu essen für ihn hätten.

Die Leute waren nett. Es war eine junge Frau und ein kleines Mädchen, das auch blonde Haare, blaue Augen und auch Sommersprossen wie er hatte. Die junge Frau fragte, wo er herkäme. Er fühlte sich sicher und begann alles zu erzählen. Die Frau tat so, als ob sie ihm erst nichts glaubte. Doch dann glaubte sie es, daß seine Eltern tot seien und er ganz allein sei. Die Frau ging zum Klo und mußte weinen, so leid tat ihr der Junge. Dann ging sie zu Andy und sagte:" Du kannst für eine Woche hierbleiben." Nach 4 Tagen schellte es. 2 Beamte standen vor der Tür und wollten den Jungen holen. Die Frau konnte nichts machen. Der Junge mußte mitgehen. Die Frau tat alles, um den Jungen zu adoptieren. Nach einem Jahr bekam sie den Jungen. Es gefiel ihm so gut, und er war nicht mehr allein.

Thema zu finden, habe ich einen Ideenzettel angefertigt, der jedoch in keiner Weise bindend war. Er enthält unterschiedlichste Themen, von denen wir einige in der letzten Zeit im Unterricht besprochen haben:

— Urlaub auf Burg Schreckenstein
— Meine Tarnkappe
— Ein wunderschöner Traum
— Leider war alles nur ein Traum
— Wie ich mir meine Zukunft wünsche
— Wovor ich Angst habe
— Ferien auf dem Planeten der Affen
— Mein Traumberuf
— Reise mit Raumschiff Terra 05
— Wenn ich Lehrer wäre, ...
— Wenn ich Bundeskanzler wäre, ...
— Der Führerschein
— In fünf Jahren
— Eines Tages entdeckte ich die Wunderpille
— Mein Leben als Star
— Immer dieser Alkohol
— Und dann holte mich der Teufel aus der Flasche
— Mein letzter Besuch beim Zahnarzt
— Immer nur Streit
— Wenn ich reich wäre, ...
— Der Autounfall

Seit zwei Jahren arbeite ich jetzt mit freien Schülertexten und habe sehr positive Erfahrungen gemacht. Fast alle Schüler schreiben gern, ein für Sonderschulverhältnisse seltenes Phänomen. Viele Texte sind so gestaltet, daß es eine Freude ist, sie zu lesen oder zu hören.

Zunehmend scheinen die Texte auch ein Sprachrohr für tieferliegende Probleme zu werden. Sie bieten eine Chance, mit dem Schüler ins Gespräch zu kommen. Schreiben wird somit zu einer neuen und wichtigen Ausdruckform der Kinder.

Angelika Hartmann

Über die Herstellung
unserer Klassenzeitung

Unsere Klassenzeitung besteht aus
Liedern, Texten und Umrissen
unserer Köpfe. Die Lieder haben wir
abgeschrieben und dann verziert.
Dann haben wir die Texte auf
Umweltschutzpapier geschrieben.
Im Fotolabor wurden die Umrisse unserer
Köpfe hergestellt (mit Blitzlicht).
Das Anfertigen der Umschläge, das
Sortieren und Binden der Blätter
kannten wir schon von unseren
früheren Klassenzeitungen.

Drei Klassenzeitungen

Ich möchte drei Klassenzeitungen vorstellen, die im September ’84, Dezember ’84 und Mai ’85 erstellt worden sind. Gemacht wurden sie von einem 7. Schuljahr einer Sonderschule für ‚Lernbehinderte‘. Ich übernahm die Klasse als Klassenlehrer zu Beginn des Schuljahres 1981/82. Die erste Klassenzeitung entstand im Verlauf des 4. Schuljahres.
Die im 7. Schuljahr erstellten Zeitungen wurden vorwiegend mit der Hand geschrieben und kopiert.

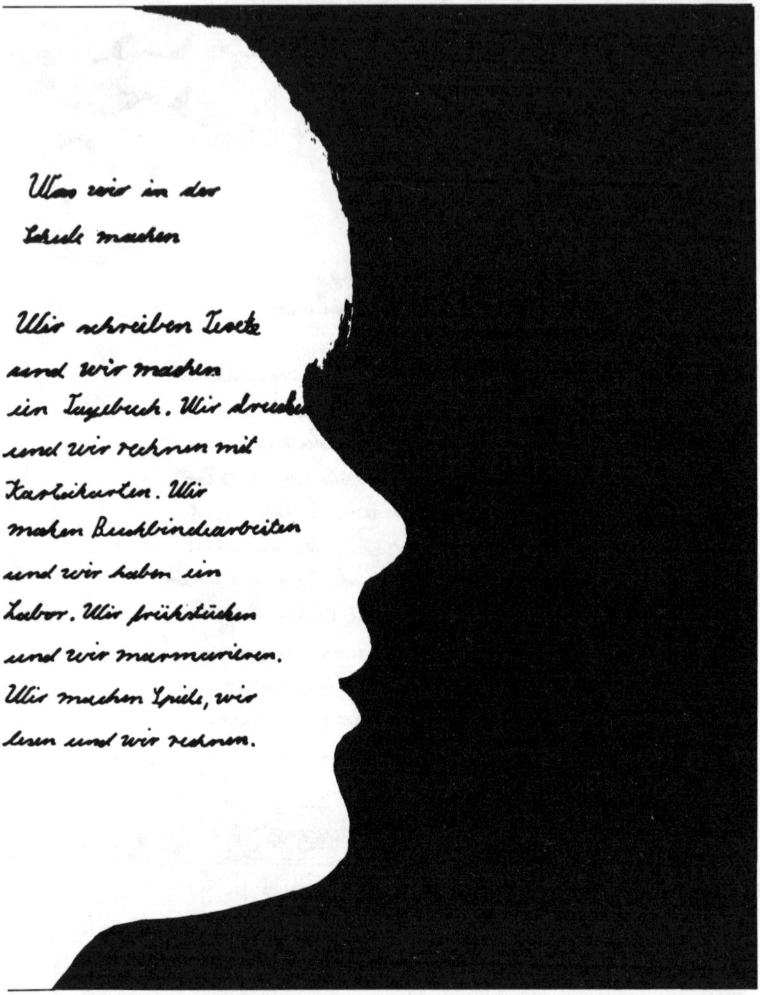

Im September '84 führten meine Klasse und die Klasse meiner Frau (8. Schuljahr, ebenfalls eine Schule LB) gemeinsam einen Schullandheimaufenthalt durch. Während dieses Aufenthaltes setzte ich mich täglich mit einer kleinen ‚Zeitungsgruppe' zusammen. Tanja, Markus (Klasse 7) und Nicole (Klasse 8) diktierten mir die kurzen Tagesberichte, die dann am Wochenende getippt wurden. In der darauf folgenden Woche traf ich

Das schöne Tiefendorf

Am Montag, den 3.September sind wir um 10.^{30} Uhr in Tiefendorf angekommen.Wir guckten uns die Zimmer an und machten unsere Betten.Dann rief Herr Hartmann alle in den Aufenthaltsraum.Da hat er uns erzählt, was wir in der Küche,im Flur und auf den Zimmern zu tun hatten.Und dann sagte Herr Hartmann,wer raus gehen will,der geht nach draußen.Vor dem Haus war ein schöner Tannenwald.Wir durften alles machen. Meißtens war ja das Wetter schön und wir sind auch mal schwimmen gegangen.Wenn das Wetter mal nicht so wollte,wie wir wollten,dann haben wir einfach im Flur gespielt.

Unsere Bude von Tiefendorf

Am ersten Tag,als wir ankamen,sind Andre,Burghard und ich in den Wald gegangen.Wir haben eine gute Stelle gefunden für eine Bude.Wir haben sofort mit der Arbeit angefangen.Andre ging große Stämme su= chen,Burghard hat eine Menge Reisig gefunden und ich habe das Gestell für die Bude aufgestellt. Nach zwei Stunden haben wir die Bude fertig gehabt. Am anderen Tag haben wir drei Rollen Teppiche ge= funden und haben sie in die Bude gelegt.

mich an einem Nachmittag mit fünf Schülern, um die Zeitung zu gestalten. Dazu standen zur Verfügung:

1. die erwähnten Tagesberichte
2. Texte aus beiden Klassen
3. Zeichnungen
4. Fotos
5. Layout-Materialien (Kopien aus „Schnippelbuch“ der AOL)

Es wurden Kopiervorlagen angefertigt — einige auch noch in der folgenden Woche im Rahmen der „freien Arbeit“. Die Kopien wurden zusammengelegt und gebunden. Mitgearbeitet haben in der Zeitungsgruppe und/oder durch Beiträge und Umschlagsgestaltung insgesamt 12 Schüler beider Klassen.
Der Umschlag der zweiten Klassenzeitung besteht aus Pappe mit aufgeklebtem marmoriertem Papier. Das Papier haben wir selbst hergestellt.
Zu den Umrissen: Ein Blatt Fotopapier im Format 18 × 24 wurde im Labor (der verdunkelte Klassenraum tut's auch) angeheftet. Ein Kind stellte sich so auf, daß sein Kopf möglichst nahe am Fotopapier anlag. Mit einem Blitzlichtgerät wurde aus einem Abstand von etwa einem Meter belichtet. Das Fotopapier wurde normal entwickelt, gewässert und fixiert.
Wenn der Abzug trocken war, wurde er von dem jeweiligen Schüler mit schwarzem Filzer (schwarz wegen der Kopie!) beschriftet. Dabei wählten die Kinder folgende Themen: Was wir in der Schule machen (3), Meine Wünsche für 1985 (3), Mein Traum (1), ‚Steckbrief‘ (8), Mein Vogel (1).

Die dritte Zeitung ist unsere ‚Abschiedszeitung‘ vom Mai 1985. Ich hatte die Klasse nun fast vier Jahre als Klassenlehrer geführt. Alle Schüler füllten einen Bogen aus, der Angaben zur eigenen Person enthielt. Weiterhin konnte jeder noch eine Seite nach Wahl gestalten, wovon bis auf zwei alle Gebrauch machten. Auf diese Seite nahm ich keinerlei Einfluß. Für sie standen vielfältige Materialien zur Verfügung, von Fotos, Layout-Materialien und Zeitungsausschnitten bis zu unseren in vier Jahren entstandenen ‚Schultagebüchern‘ (insgesamt etwa 400 Seiten, in verschiedenen Ordnern jahrgangsweise abgeheftet).

Heinz-Dieter Hartmann

Die wilden 19

Zum zweitenmal habe ich jetzt mit einem vierten Schuljahr ein solches Erinnerungsbuch gestaltet, und ich muß sagen: Ich kenne keine bessere Möglichkeit, Motivation und Arbeitseifer auch in den letzten Wochen vor dem Schulwechsel derart intensiv aufrechtzuerhalten.

Oft ist es doch so: Die Empfehlungen sind ausgesprochen, die Kinder an der jeweiligen weiterführenden Schule angemeldet, und plötzlich ist ‚die Luft 'raus'. Konzentration und Leistungsbereitschaft lassen bei vielen nach, die Hausaufgaben werden weniger sorgfältig und längst nicht mehr von allen regelmäßig gemacht. Kurz und gut: Für die Kinder ist jetzt eben alles ‚gelaufen'.

Dieser Haltung konnte ich mit meinem Projekt ‚Wir machen ein Buch' entgegenwirken. Alle arbeiteten wirklich bis zuletzt begeistert mit.

Im Gegensatz zu meinem ersten derartigen Versuch ist dieses Buch allerdings nicht nur in den letzten Monaten des Schuljahres entstanden. Schon zu Beginn des dritten besprach ich das Vorhaben mit den Kindern. Sie hatten in der Leseecke das Buch ihrer Vorgänger entdeckt. So etwas wollten sie auch machen!

Ganz nach meinem Geschmack ist ein derart langfristig geplantes Projekt zwar nicht, aber es erwies sich diesmal doch als recht vorteilhaft. Eine Musterklasse war das nämlich nicht, die ich da übernommen hatte! So war es ganz gut, daß eine Menge der Beiträge fürs Buch aus dem regulären Unterricht erwachsen konnten: persönlicher Steckbrief, Berufswünsche, Gedichte und Geschichten, Der Kamelefant und andere seltsame Tiere,

> Später möchte ich Kindergartnerin werden. Ich spiele gerne mit Kindern und helfe ihnen. Kurz gesagt, ich bin froh mit Kindern

Witze, Rezepte, Interessantes aus dem Sachunterricht, Anleitung zum Bau einer Blumenpresse, Buchbesprechungen, Bilder zu Nöstlingers Buch ‚Lollipop' und natürlich auch das von den Kindern selbst zu einem szenischen Spiel ausgearbeitete Märchen ‚Des Kaisers neue Kleider'.

Die Tatsache, daß diese Arbeiten später im Buch abgedruckt werden sollten, motivierte die Kinder sehr stark. Sie gaben sich bei der inhaltlichen und auch bei der formalen Gestaltung sichtlich mehr Mühe als sonst.

Über unsere gemeinsamen Aktionen wie Feiern, Fahrten und Radfahrprüfung schrieben wir allerdings erst in den letzten Schulwochen. Denn aus meiner eigenen Schulzeit weiß ich noch, wie schrecklich es ist, nach einem besonderen Erlebnis einen ‚Aufsatz' darüber schreiben zu müssen. Das wollte ich den Kindern nicht zumuten. Da nutzte ich lieber die Freiarbeitsstunden.

An der Pinnwand fanden die Kinder Zettel mit den noch fehlenden Beiträgen. Je nach Thema arbeiteten sie allein, mit einem Partner ihrer Wahl oder auch in Gruppen.

Nachdem der Titel für unser Buch gefunden war, gestalteten wir im Kunstunterricht das Deckblatt. Den Fotokarton hierfür hatte ich mir gleich beim Kauf im Format DIN A 4 zuschneiden lassen.

Als die Kinder ihre Bücher zum erstenmal fertig gebunden in der Hand hielten, war ihre Begeisterung groß. Und ich finde, sie können mit Recht stolz sein auf dieses Ergebnis von zwei Jahren Arbeit.

Hannelore Bares

Absender:

Name

Vorname

Straße

PLZ/Ort/Zustellbezirk

Datum/Unterschrift

Ferner wird bestellt:

____ Expl. ____________________

____ Expl. ____________________

____ Expl. ____________________

Postkarte

Bitte freimachen

Buchhandlung Elke Dieck
Versandhaus für
Bücher · Spiele · Lehrmittel
Postfach 1329

D—5138 Heinsberg

LAMSBJACNAK

Die Kinder der Klasse 4a, in der ich als Fachlehrerin Sprache unterrichte, hatten den Wunsch, eine Art Abschlußzeitung über den Aufenthalt in der Jugendherberge zu schreiben. Jeder von uns wollte etwas Handgeschriebenes haben, das uns an unsere letzten Wochen in der Grundschule erinnerte.
Das Schuljahr war kurz — Mitte Juni gab es Ferien — die Zeit drängte, wir mußten früh mit der Planung beginnen. In einer Mappe sammelten wir Vorschläge für unser Abschlußbuch. Ein Junge brachte eine Abschlußzeitung seiner Schwester mit, andere Kinder berichteten von ähnlichen Vorhaben älterer Geschwister.
Für die Abende in der Jugendherberge nahmen wir uns vor, ein Tagebuch zu führen. Das hielten wir durch. Die Kinder eines anderen vierten Schuljahres, mit denen wir zusammen einen Tagesraum hatten, machten mit, ich auch. So saßen wir vier Abende lang für etwa eine halbe Stunde in engem Raum zusammen, überlegten, bekamen rote Köpfe. Das Schreiben steckte an. Jeder hielt fest, was für ihn an dem jeweiligen Tag wichtig war. Die einen notierten Erlebnisse in knapper Form, zeichneten oder malten etwas dazu, andere schrieben detailliert den gesamten Tagesablauf auf. Maria, eine kleine Italienerin, schrieb fast ihr ganzes Heft voll. Punkt und Komma waren in der Jugendherberge nicht so wichtig...

Zum Schreibprozeß
Die Tagebuchaufzeichnungen verwendeten wir als Erinnerungsstütze oder aber als Grundlage für die Beiträge des Abschlußbuches. Für die Erstellung blieben uns die Sprachstunden von gut zwei Wochen. Die Kinder und ich einigten uns auf ein arbeitsteiliges Verfahren, um zügig vorwärtszukommen. Folgenden Weg sind wir gegangen:

Wir legen die Themen fest und teilen Gruppen ein
Gruppengröße: 2 bis 4 Kinder. Zusammensetzung nach Nei-

gung. Im Kreisgespräch klärten wir zunächst ab, welche Themen für das Abschlußbuch gewünscht wurden. Ich schrieb die Vorschläge auf große, weiße Bögen.
Anschließend einigten sich die Kinder auf die Zusammensetzung der Gruppen. Die Bögen hefteten wir an die Pinnwand und benutzten sie für weitere Notizen (Ergänzungen, Abhaken geschriebener Entwürfe usw.) während der weiteren Arbeit.

Wir schreiben die Entwürfe

Die meisten Kinder hatten feste Vorstellungen von dem, was sie schreiben wollten. Sie waren mit kurzen Beratungsgesprächen zufrieden und lösten sich nach vereinbarten Regeln beim Aufschreiben ab. Vier Kinder, die über sportliche Ereignisse berichten wollten, konnten sich zunächst nicht einigen. In dieser Gruppe arbeitete ich mit, indem ich mit den Kindern die Textideen besprach und die vorgeschlagenen Sätze aufschrieb. Als wir zusammen einen Abschnitt geschafft hatten, arbeiteten sie alleine weiter.

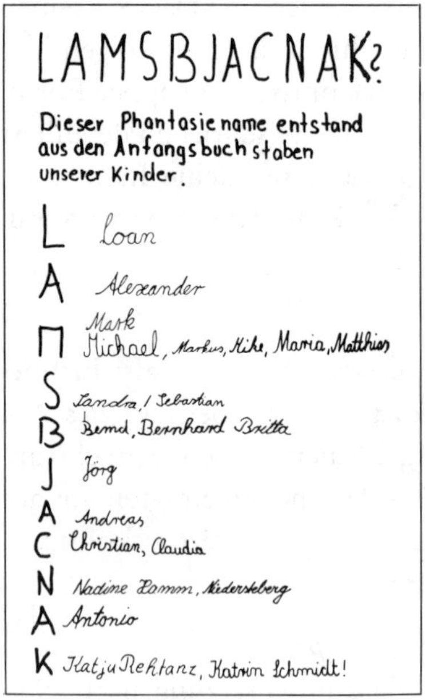
LAMSBJACNAK?

Dieser Phantasiename entstand aus den Anfangsbuchstaben unserer Kinder.

L Loan
A Alexander
M Mark, Michael, Markus, Mike, Maria, Matthias
S Sandra, / Sebastian
B Bernd, Bernhard Britta
J Jörg
A Andreas
C Christian, Claudia
N Nadine Hamm, Niedersteberg
A Antonio
K Katja Rehtanz, Katrin Schmidt!

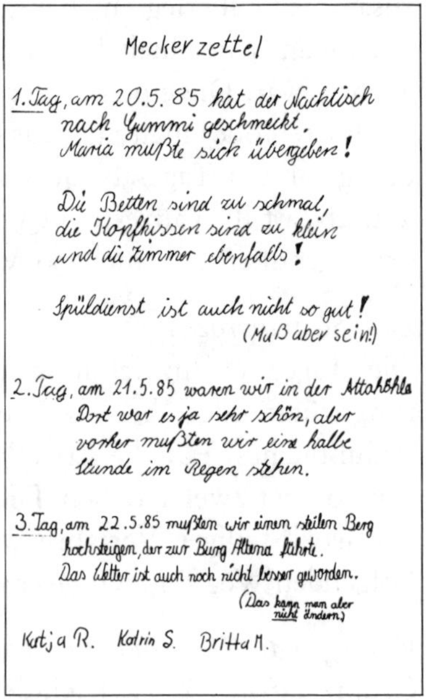
Meckerzettel

1. Tag, am 20.5.85 hat der Nachtisch nach Gummi geschmeckt. Maria mußte sich übergeben!

Die Betten sind zu schmal, die Kopfkissen sind zu klein und die Zimmer ebenfalls!

Spüldienst ist auch nicht so gut! (Muß aber sein!)

2. Tag, am 21.5.85 waren wir in der Attahöhle Dort war es ja sehr schön, aber vorher mußten wir eine halbe Stunde im Regen stehen.

3. Tag, am 22.5.85 mußten wir einen steilen Berg hochsteigen, der zur Burg Altena führte. Das Wetter ist auch noch nicht besser geworden. (Das kann man aber nicht ändern.)

Katja R. Katrin S. Britta M.

Die Entwürfe werden korrigiert und abgeschrieben

Textstellen, die in den Entwürfen noch geändert werden sollten, besprach ich mit den Kindern der einzelnen Gruppen. Da wir ein bißchen Spannung auf die Beiträge erhalten wollten, wurden sie während dieser Phase noch nicht für alle Mitschüler veröffentlicht. Für die „Reinschrift" vereinbarten wir bestimmte formale Aspekte. Die Kinder hatten den Wunsch, daß jede Handschrift zur späteren Erinnerung in unserem Abschlußbuch vertreten sein sollte. Also teilten sie sich die Schreibarbeit untereinander auf.

Wir suchen einen Namen

Die endgültige inhaltliche Abfolge legten wir gemeinsam im Kreisgespräch fest. Ich notierte die Vorschläge und las das Ergebnis noch einmal zur Abklärung vor.

Nun mußte noch ein Name für unser Abschlußbuch gefunden werden. Ich schlug den Kindern vor, die Anfangsbuchstaben der Vornamen zu nehmen. Das gefiel ihnen. Da wir aber nur drei Kinder in der Klasse hatten, deren Vorname mit einem Vokal (in diesem Fall A) beginnt, war das Kombinieren mit den vielen Konsonanten gar nicht so einfach. Wir besprachen die Spielregeln, probierten Möglichkeiten mit dem Partner aus, lasen die oft zungenbrecherischen Buchstabengebilde vor, stimmten dann in geheimer Wahl — so wurde es gewünscht — den Namen ab.

Ingrid Niedersteberg

(Weitere Beispiele für Erinnerungsbücher nach Klassenfahrten finden sich in Band 4 dieser Reihe: ‚Doch es geht auch ohne Sonne', S. 151 ff.)

Klassenbuch der Rekorde

Im Deutschunterricht nahmen wir Adjektive und ihre Steigerungsformen durch. Thomas, der über eine breite Allgemeinbildung verfügt, wußte zu berichten: „Im Guiness-Buch der Rekorde stehen auch lauter Höchstleistungen drin. Das sind alles Höchstformen oder Superlative von Eigenschaftswörtern." Am nächsten Morgen brachte ich mein eigenes „Guiness"-Exemplar mit in die Schule, um anhand der verschiedenen Einzelgeschichten Interesse für die Steigerung von Adjektiven zu wecken. Die Kinder verglichen schon damals die Höchstleistungen aus dem „Guiness"-Buch mit ihren eigenen Höchstwerten: „Der Torsten ist der kleinste Junge der Klasse." — „Da vorne sitzen mit Maike das größte und mit Petra das kleinste Mädchen an einem Tisch!"
Als ich ankündigte, wir wollten ein eigenes „Klassenbuch der Rekorde" zusammenstellen, nahmen die Kinder das mit Jubel auf.
Wir vereinbarten: Jedes Kind soll mindestens eine eigene Höchstleistung präsentieren.

Wir wollten keine negativen, unangenehmen Höchstleistungen ins Klassenbuch aufnehmen. Jeder sollte seine Seite selbst handschriftlich gestalten. Nach Möglichkeit wurden Rechtschreibfehler durch nochmaliges Schreiben korrigiert.
Da Kinder gerne sammeln, wurde dieses Kapitel am umfangreichsten. Solche Kinder, die weder etwas sammeln, noch sportlich mithalten können, wurden mit schulischen Bestleistungen festgehalten.
Um den Gruppenaspekt zu betonen, haben wir ein Kapitel „Mannschaftsrekorde“ verfaßt. Bei diesem Kapitel kamen die besten Schönschreiber zu Zuge. Zur Auflockerung der Seiten haben wir uns im Kunstunterricht kleine Zeichnungen und Piktogramme ausgedacht. Unsere Kirsten, sonst nicht oft in der Sonne des Erfolges stehend, fand bei allen Kindern Anerkennung als hervorragende Zeichnerin und Grafikerin. Das tat ihrem Selbstbewußtsein gut!
Unser „Klassenbuch der Rekorde“ ist kein fertiges Buch, darin ist es dem Original ähnlich, aber es ist für jedes einzelne Kind ein Abschieds- und Erinnerungsbuch nach vier Jahren Grundschulzeit.

Helmut Lehr

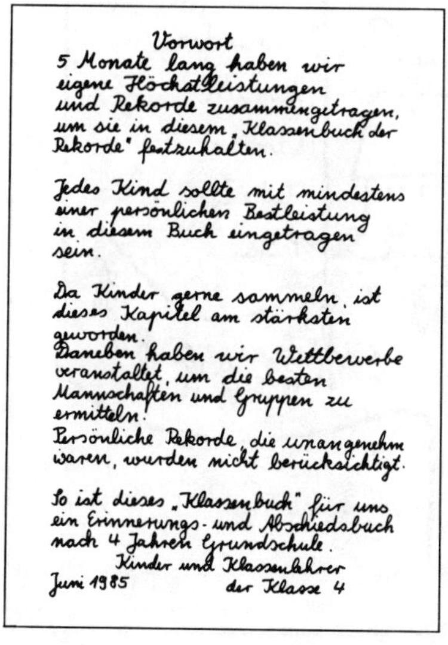

Vorwort

5 Monate lang haben wir eigene Höchstleistungen und Rekorde zusammengetragen, um sie in diesem „Klassenbuch der Rekorde“ festzuhalten.

Jedes Kind sollte mit mindestens einer persönlichen Bestleistung in diesem Buch eingetragen sein.

Da Kinder gerne sammeln, ist dieses Kapitel am stärksten geworden.
Daneben haben wir Wettbewerbe veranstaltet, um die besten Mannschaften und Gruppen zu ermitteln.
Persönliche Rekorde, die unangenehm waren, wurden nicht berücksichtigt.

So ist dieses „Klassenbuch“ für uns ein Erinnerungs- und Abschiedsbuch nach 4 Jahren Grundschule.

Kinder und Klassenlehrer
Juni 1985 der Klasse 4

In letzter Minute

Torsten Kalkus war der Beste im Käsekistenklopfen.

Den größten Kopfumfang hatte bei den Jungen: Thomas Bräuer 59 cm
bei den Mädchen Maike Happel 56 cm

Den kleinsten Kopfumfang hatte bei den Jungen: Jens Hederer und Torsten Vange mit 54 cm
bei den Mädchen Andrea Thomas mit 52 cm

Welche Wege wir gehen wollen

Hauptschule	Realschule	Gymnasium
Markus	Andrea Ru.	Dirk Pl.
Steffen	Heike Sp.	Patrick
Nicole	Thomas W.	Jochen
Naide	Dirk M.	Frank (82)
Anja	Thomas F. (82)	Günter
Sabine	Dirk Ro. (82)	Sonja
Heidi	Barbara	Andrea Rei.
Michael		Steffi
		Alexandra
		Miriam
		Carmen
		Heike Z.
		Petra

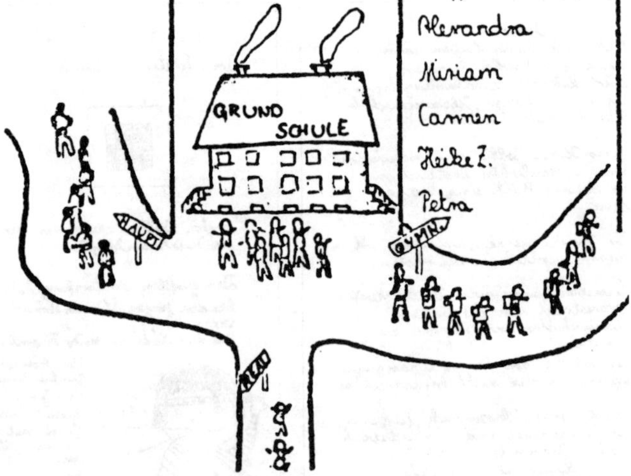

Eine Klasse nimmt Abschied

Durch den großen Anklang ermutigt, den das Geschichte(n)-Buch bei den Eltern fand, wurde gleich zu Beginn des neuen Schuljahres der Beschluß gefaßt:

Wir machen wieder ein Buch; diesmal ein Abschiedsbuch. Es soll Auskunft geben über uns, unsere Ansichten, unsere Wünsche, Träume, Hoffnungen.

Das ganze Jahr über wurden alle möglichen Vorschläge, Beiträge, Einzel- und Gruppenarbeiten, Gedanken zum Thema Jahrbuch in einer großen Kiste gesammelt, zwischendurch begutachtet, sortiert, erweitert.

Um möglichst viele Beiträge im Buch unterbringen zu können, ordneten wir die Themen, zu denen sich jeweils jedes Kind mitteilte, auf DIN A 3-Bogen an, die dann auf DIN A 4 verkleinert wurden, was leider einige Schriften schlecht lesbar macht. Trotzdem: Das Buch ist eine schöne Erinnerung.

Hin und wieder treffe ich ehemalige Schüler aus dieser Klasse, und dann sagt der eine oder andere: „Manchmal hole ich unsere Bücher vor und schmökere darin. Das macht immer wieder Spaß. . .“

Herta Werner

Nachwort

Bücher, die wir mit Kindern machen, sind — versteht sich! — sprachliche Objekte. Sie heben die künstliche Trennung des Sprachunterrichts in die Bereiche Lesen, Schreiben, Aufsatz, Rechtschreiben auf und verbinden sie zu einer kommunikativen Einheit. Sie verlangen Selbsttätigkeit und Arbeit in einem sinnvollen Zusammenhang statt nach einem zerfächerten Plan. Darum sind sie glaubwürdig und attraktiv für Kinder. Sie (und nicht die Lehrerin!) verlangen sorgfältiges Arbeiten, Sauberkeit, Gewissenhaftigkeit, Durchhaltevermögen. Und sie sind ästhetische Objekte, schulen Formempfinden und Geschmack. Bei einem guten Buch ist alles gut: die sprachliche Gestaltung, die Gewissenhaftigkeit in der Ausführung und die künstlerische Qualität. Hapert es in dem einen Bereich, hapert es mit dem ganzen Buch.

Das verlangt von der Lehrerin besonderes Engagement. Und es verlangt Einfühlungsvermögen und Fingerspitzengefühl: Gut und schön sollen die Bücher sein, aber nicht chemisch rein wirken. Denn Kinder sind die Autoren. Da ist Perfektion nicht zu haben. Wohl aber Arbeit nach bestem Vermögen.

Ich habe die in diesem Band vorgestellten Bücher aus einem Stapel von achtzig Zentimeter Höhe ausgewählt. Mühelos hätte ich drei Bände daraus machen können. Hätte ich es nicht schon vorher gewußt, bei dieser Gelegenheit hätte ich es erfahren: Wo, außer in der Grundschule, gibt es eine solche Arbeit? Die Kolleginnen und Kollegen in der Grundschule haben allen Grund, auf ihre Arbeit stolz zu sein. *Gerhard Sennlaub*

Das Lesebuch für Grundschullehrer

Herausgegeben von Reinhard Meis und Gerhard Sennlaub

Hier schreiben Lehrer für Lehrer. Hier wird nicht geklagt und angeklagt, hier gibt es weder Polemik noch „Was-wäre-wenn-Geschichten", sondern realistische Berichte über das, was in Übereinstimmung mit Richtlinien und Verordnungen hier und heute machbar ist. Die Lehrerinnen und Lehrer, die hier zu Wort kommen, sind keine Wunderkinder, denen alles in den Schoß gefallen ist. Es sind Pädagogen, die in schwierigen Situationen nicht den Kopf verloren oder in den Sand gesteckt haben, sondern die – von- und miteinander lernend – gemeinsam mit den Schülern Erfolge erzielten, die oft härter erarbeitet wurden, als es die lockere und leichte Form dieser Berichte vermuten läßt.

Eine Titelübersicht bietet die folgende Seite.